中国式现代化

辛向阳 著

ZHONGGUOSHI
XIANDAIHUA

江西教育出版社
JIANGXI EDUCATION PUBLISHING HOUSE

·南昌·

赣版权登字-02-2022-058
版权所有 侵权必究

图书在版编目（CIP）数据

中国式现代化 / 辛向阳著. —— 南昌：江西教育出版社，2022.3（2023.4重印）
ISBN 978-7-5705-3026-7

Ⅰ.①中… Ⅱ.①辛… Ⅲ.①现代化建设 - 研究 - 中国 Ⅳ.①D61

中国版本图书馆CIP数据核字（2022）第032800号

中国式现代化
ZHONGGUOSHI XIANDAIHUA
辛向阳 著

江西教育出版社出版
（南昌市学府大道299号　邮编：330038）

各地新华书店经销
南昌市红黄蓝印刷有限公司印刷
720毫米×1000毫米　16开本　13.75印张　166千字
2022年3月第1版　2023年4月第2次印刷

ISBN 978-7-5705-3026-7
定价：36.00元

赣教版图书如有印装质量问题，请向我社调换　电话：0791-86710427
总编室电话：0791-86705643　　编辑部电话：0791-86100010
投稿邮箱：JXJYCBS@163.com　　网址：http://www.jxeph.com

目 录

001 **导论**
001 　一、中国式现代化以其原创性重新标识人类现代化的内涵与逻辑
005 　二、中国式现代化始终给人类现代化扫清种种障碍
010 　三、中国式现代化体现科学社会主义的先进本质

019 **第一章　中国式现代化的历史渊源**
019 　一、孙中山的建国方略：从近代化到现代化
024 　二、中国共产党人在新民主主义革命时期的探索
029 　三、中国共产党人在社会主义革命和建设时期的探索
033 　四、中国式现代化的提出：改革开放和社会主义现代化建设新时期的探索
042 　五、中国特色社会主义新时代的探索

第二章　中国式现代化的基本性质与独创性 　049

一、中国式现代化是社会主义性质的现代化 　051

二、中国式现代化的独特创造性 　066

第三章　中国式现代化的鲜明特征 　073

一、人口规模巨大的现代化 　075

二、全体人民共同富裕的现代化 　082

三、物质文明和精神文明相协调的现代化 　090

四、人与自然和谐共生的现代化 　093

五、走和平发展道路的现代化 　095

第四章　中国式现代化的本质要求 　100

一、坚持中国共产党的领导 　100

二、坚持中国特色社会主义 　123

三、协调推进五大建设 　126

四、在推动中华民族伟大复兴和构建人类命运共同体的过程中创造人类文明新形态 　130

第五章　中国式现代化与科学社会主义基本原则 　148

一、学术界对科学社会主义基本原则的多种理解 　148

二、科学社会主义基本原则的判断标准及其丰富内涵 　152

三、科学社会主义基本原则对于中国式现代化建设的现实价值 　160

175 第六章 中国式现代化的世界意义

175 　　一、中国式现代化是在不断回答国际社会的质疑中发展着的现代化

188 　　二、中国式现代化是在破解发展中国家现代化面临的各种悖论中成长的现代化

193 　　三、中国式现代化是不断打破西方理论界制造的一个又一个关于东方社会和中国发展魔咒的现代化

197 　　四、中国式现代化是在创造人间奇迹的过程中壮大的现代化

201 **结语**

209 **参考文献**

214 **后记**

导 论

2021年11月,全球聚焦中国,聚焦北京,因为中国共产党第十九届中央委员会第六次全体会议在这里召开。党的十九届六中全会通过的《中共中央关于党的百年奋斗重大成就和历史经验的决议》(以下简称《决议》)明确指出,中国共产党百年奋斗的历史意义之一就是深刻影响了世界历史进程。党领导人民成功走出一条中国式现代化道路,创造了人类文明新形态,拓展了发展中国家走向现代化的途径。《决议》还强调要以中国式现代化推进中华民族伟大复兴。可以说,中国式现代化既是从人类历史的角度来看待的,又是从中华民族伟大复兴的历史进程来看待的。

一、中国式现代化以其原创性重新标识人类现代化的内涵与逻辑

中国式现代化是经历了艰苦努力探索出来的道路,不是妙手偶得的。在这条道路上,我们走过苏联人的路,我们也借鉴过西方的

一些做法。但最终我们既没有因为走西方的现代化道路而掉入殖民主义的泥潭,也没有因为走苏联的现代化道路而掉入僵化性的魔道,更没有因为走新兴国家现代化的道路而掉入依附性的陷阱。

(一)中国式现代化彻底改写了现代化就是美欧化、西方化的先验逻辑

西方国家是人类历史上最早进入现代化行列的国家。其实现现代化的过程被浓缩,并日渐生成为一种先验的"五位一体"的逻辑:自由市场、"宪政"民主、三权分立、多党竞争和市民社会。于是,在西方国家那里,现代化的逻辑就是:要成为现代化国家就要建构这样一种"五位一体"模式,离开了这样一种模式就无法实现现代化。美国在2021年12月召开的所谓"全球峰会"就是这种逻辑的恣意彰显。美国式现代化道路就是以民主为幌子、以战争为动力创制出来的。美国的现代化道路就是伴随着战火、飞机轰鸣而行进的道路。美国自1776年建国,至今不过240多年的历史,而美国只有16年是处于和平状态,其他约93%的年份都是处于战争之中的,美国利用战争获得了太多的利益。美国的每一次对外战争,都能把美国的国力和军力整体向前推进一步。1991年的海湾战争成为机械化作战的巅峰。1999年的科索沃战争则是精确制导武器的首次大规模应用。到了2003年的伊拉克战争,是信息化和数字化作战的首次探索。每次发动战争以后,美军的作战能力都会有一个很大的提高。

这种先验逻辑在历史上是虚妄的,因为西方国家的现代化并不是如此发展起来的。西方国家的现代化是用血与火、刀与剑,用殖民掠夺、帝国征服、政治奴役以及残酷剥削的方式实现的现代化。这种先验逻辑在实践上产生了恶果,凡是按照这种模式去推进现代化的发展中国家,无一例外都失败了。自由市场在有的发展中国家变成了无政府状态的经济,或者变成了野蛮掠夺大众的经济,不仅市场失灵,而且政府也失灵,现代化也停止了;三权分立在有的国家变成了派别林立、民族冲突的导火索,不断引爆各种民族、宗教、派别的冲突,国家陷入长期的动乱之中。引进西方模式就是引进灾难,因为西方国家从来不是去建设国家,而是毁坏国家。这一点,美国总统拜登讲得很实在。2021年8月16日,美国总统拜登在白宫就阿富汗局势发表讲话,他断言美国在阿富汗的任务"从来就不应该是国家建设"。

这种先验逻辑被中国式现代化道路所打破,中国没有走西方的先验逻辑所告诉我们的虚妄之路。这是一条把很多国家导入泥坑和陷阱的灾难之路。中国之所以能够避开这条灾难之路,一个重要原因就是中国共产党的领导。中国共产党不仅立足中国国情,开辟了中国式现代化的新道路,而且把握了现代化的发展规律,科学谋划了现代化的战略目标和战略步骤。

(二)中国式现代化以开放性、利他性、共赢性重新书写现代化的新范式,彻底打破了西方现代化的封闭性、排他性和自利性

西方的现代化呈现给我们的范式就是:排他、自利、陷阱。这种现代化是排斥其他国家实现现代化,使发展中国家或者成为现代化的依附者,或者成为现代化的失败者,或者成为现代化的无望者。这列西方现代化的列车不允许其他非西方国家"搭自己的便车"。要想上车,就要买票,而且票的价格极其昂贵,甚至要付出国家主权独立的代价。西方现代化国家从来没有带动任何一个发展中国家成为现代化的成功者,极为排他。不仅如此,西方国家还一次又一次地用陷阱和危机使发展中国家回到现代化的起步阶段,仿佛是重复做着无用功的西西弗斯。

中国式现代化是带动其他国家共同发展的现代化,是合作、共赢、红利的现代化。中国的现代化是欢迎各国"搭便车"的现代化,是一起发展的现代化,不是动不动就制裁别人的现代化,更不是欺凌、霸凌他国的现代化。中国式现代化本身就不是封闭式的现代化,从一开始就是与世界各国平等共处、相互合作的现代化。2021年11月29日,在中非合作论坛第八届部长级会议开幕式上的主旨演讲中,习近平主席指出:"本次会议前,中非双方共同制订了《中非合作2035年愿景》。作为愿景首个三年规划,中国将同非洲国家密切配合,共同实施'九项工程'。一是卫生健康工程。为实现非盟确定的2022年60%非洲人口接种新冠疫苗的目标,我宣布,中国将再向非方提供10亿剂疫苗,其中6亿剂为无偿援助,4亿剂以中方企业与有关非洲国家联合生产等方式提供……二是减贫惠农工程。中国将为非洲援助实施10个减贫和农业项目,向非洲派遣500名农业专家,在华设立一批中非现代农业技术交流示范和培训联合中心,鼓励中国机构和企业在非洲建设中非农业发展与减贫示范村,支持在非中国企业社会责任联盟发起'百企千村'活动。三是贸易促进工程。中国将为非洲农产品输华建立'绿色通道',加快推动检疫准入程序,进一步扩大同中国建交的最不发达国家输华零关税待遇的产品范围,力争未来3年从非洲进口总额达到3000亿美元……四是投资驱动工程。中国未来3年将推动企业对非洲投资总额不少于100亿美元,设立'中非民间投资促进平台'……五是数字创新工程。中国将为非洲援助实施10个数字经济项目,建设中非卫星遥感应用合作中心,支持建设中非联合实验室、伙伴研究所、科技创新合作基地……六是绿色发展工程。中国将为非洲援助实施10个绿色环保和应对气候变化项目,支持'非洲绿色长城'建设,在非洲建设低碳示范区和适应气候变化示范区。七是能力建设工程。中国将为非洲援助新建或升级10所学校，邀请1万名非洲高端人才参加研修研讨活动……八是人文交流工程。中国愿支持所有非洲建交国成为中国公民组团出境旅游目的地国……九是和平安全工程。中国将为非洲援助实施10个和平安全领域项目，继续落实对非盟军事援助，支持非洲国家自主维护地区安全和反恐努力，开展中非维和部队联合训练、现场培训、轻小武器管控合作。"①

这些都是实实在在的合作，都是一起发展与进步的合作。这些工程是中非双方共同利益的体现，是中国人民与非洲人民共同奋斗的结晶。这些工程不是一种施舍，是一种平等基础上的支持和援助；这些工程不带有任何附加条件，是双方共同协商的结果。中国的现代化事业的每一步前进都希望世界各国人民能够分享，能够分享发展的经验，也分享发展的经济、社会、文化成果。

二、中国式现代化始终给人类现代化扫清种种障碍

一些西方国家在实现现代化后提出了种种理论，有的理论带有明显的政治陷阱，引诱后起国家走西方国家的道路；有的理论制造种种悖论、难题，使发展中国家在现代化过程中望而却步。这需要祛魅，去除那些现代化进程中的迷雾、谜题、迷离。

（一）中国式现代化以马克思主义为指导，充分挖掘中华文明中的特殊优势，破解了现代化进程中活力与稳定的两难抉择，使现代化进程既充满活力又保持稳定

西方现代化以其残酷性压制着社会力量，压制着社会大众，使

---

① 习近平：《同舟共济，继往开来，携手构建新时代中非命运共同体》，《人民日报》2021年11月30日，第02版。

社会保持着稳定,没有失序。在这种强制性社会稳定中,资本主义使生产力有了巨大发展,在榨取工人阶级剩余价值的过程中,在对外掠夺战争中实现了现代化。中国式现代化在现代化过程中既能够保持社会的稳定性,又能够保持社会的活力性,稳定和活力相互促进,而不是相互掣肘。有不少国家存在的问题就是有稳定就缺乏活力,有活力就无序。中国为什么能够做到这一点?一个方面就是因为中国共产党有强大的社会凝聚力,始终把社会各种力量紧紧凝结在一起。另一个方面是因为中国共产党能够及时发现和解决好各种社会矛盾和问题,各种社会群体的利益诉求总会在第一时间得到充分满足,社会矛盾不会影响社会稳定性。在现代化进程中,中华优秀文化也发挥了重要作用,特别是家国情怀的理念。中国的家国情怀从周代开始形成。在中国文化中,家就是国,国就是家,没有国哪有家?儒家也一直强调"修身齐家治国平天下",推己及人乃至国家和天下,这种情怀长期浸润着中华文化和中国人的血液。中国人民向来自觉服从国家号召,舍小家顾大家,做好自己,以国家为重。因此,在现代化进程中,即使遇到了问题,人民群众也能够为国家作出自我牺牲。

(二)西方现代化进程中塑造了一个科层制的官僚集团,这个集团有自己的运行规则,有自己的特殊利益,与人民大众是日益脱离的

德国社会学家韦伯认为科层制不是指一种政府类型而是指一种由训练有素的专业人员依照既定规则持续运作的行政管理体制。尽管科层制发端于普鲁士那样的官僚制国家,但是这种行政管理类型越来越盛行于所有的政治体制之中,不管是君主制还是代议制,甚至是所有承担大规模复杂行政管理任务的组织如商业企业、工会和政党等。科层制趋于一种非人性化、非情感化的发展。其特点就是冰冷冷的公事公办,在处理公务时,科层制成员只能按规则办事,而不能掺杂个人的好恶爱憎。其优势在于严格遵守规则制度,问题在于完全没有了人性的光辉。在中国现代化过程中,我们建立了公务员制度,既吸收借鉴了西方的科层制的某些理念,也吸收借鉴了中国历史上科举制的某些优点,同时强调全心全意为人民服务的根本宗旨。这种制度与西方的科层制一个根本的不同就是中国共产党的领导。党的领导一方面使公务员制度更加完善,使制度的刚性更强,另一方面强调执行制度的这支队伍是人民的勤务员,刚性制度的执行必须人性化。公务员不仅是照章办事的办事员,更是为人民服务的勤务员。这个方面,习近平总书记给我们做出了榜样。2013年11月3日至5日,习近平总书记在湖南考察。3日,习近平总书记沿着狭窄山路辗转来到花垣县十八洞村,探访村里的特困户施齐文家。施齐文老伴石爬专不识字,家里没有电视,而且只会说苗族话,见到习近平总书记后,她主动问起:"怎么称呼您?"习近平总书记听了村主任的翻译后,笑得很开心,并向大妈介绍自己:"我是人民的勤务兵。"①2016年春节前夕,在江西井冈山,贫困户张成德的老伴拉着习近平总书记的手激动地说:"感谢您来看我们,您可是国家的当家人啊。"习近平总书记接过话茬:"是人民当家作主,我们是人民的勤务员,帮你们跑事的。"人民的勤务员是饱含着深情为人民服务的,为人民谋利益的,这一特质有效解决了现代化过程中西方国家日益严重的非人性化的科层制带来的种种难题。

---

① 《习近平的公仆情怀》,央广网,2018年12月9日,https://news.cnr.cn/native/gd/20181209/t20181209_524444531.shtml,访问日期:2021年12月12日。

（三）用中国的政治制度优势来解决联合国早在 26 年前就提出的"有增长无发展"的难题，避免空心现代化

联合国开发计划署在《1996年人类发展报告》中专门讨论了经济增长与社会发展的关系问题，强调现代化进程中应尽可能避免"有增长无发展"的情况。其一，无工作的增长（jobless growth）。工作意味着生活保障，没有工作就等于剥夺了一个人的生活能力和发展自己的能力；当然，缺乏工作机会可能是经济增长缓慢造成的。但是，即使经济增长较快的国家也常常不能增加足够的就业机会。例如，在巴基斯坦，1975年至1992年，实际国内生产总值（GDP）平均每年增长 6.3%，而就业只增加 2.4%。更糟糕的是，加纳在1986年至1991年间，GDP 平均每年增长 4.8%，而就业反而减少了 13% 以上。其二，无声的增长（voiceless growth）。民众参与和管理公共事务，自由地表达自己的意见和观点，是人类发展的一个重要方面。但是，经济增长并不始终伴随着民主和自由的扩大。有些国家经济增长很快，但还远不是民主和自由的。民主和增长不是相互排斥的，而是倾向于相互加强的。民主也能促进增长。其三，无情的增长（ruthless growth）。在很多发展中国家，尤其是拉丁美洲一些国家，虽然经济增长较快，但收入分配不平等反而更加严重了，增长的利益大部分落入了富人的腰包，而穷人的状况没有得到多少改善，有的反而日益恶化了，穷人的数目和比重甚至上升了。在 1970 年至 1985 年，全球收入增加了 40%，而穷人的数目却增加了 17%。1965 年至 1980 年，收入下降的人数为 2 亿，而在 1980 年至 1993 年，这一人数已超过了 10 亿。其四，无根的增长（rootless growth）。世界上有 10000 多种文化，这些不同的文化使各个民族和种族的生活更加丰富多彩。一种具有包容性和参与性的增长模式能够培育和增强文化传统,使不同种族和民族享受着文化的多样性。但是,一种具有排外性和歧视性的增长模式却能够毁灭文化的多样性,从而降低了人们的生活质量。在当今世界,许多国家把传统文化看作是现代化和发展的累赘,从而压制民族传统文化和少数民族文化。其五,无未来的增长(futureless growth)。不顾自然资源耗竭和人类居住环境恶化而换来的增长是不可能持续下去的,也不值得持续下去。现在不少国家在经济增长过程中,毁坏森林,污染河流,毁灭生物多样性和耗竭自然资源。它不仅损害了当代人的生活条件和健康,而且更严重的是对后代人的发展造成了巨大的,甚至是不可逆转的损害。

中国式现代化破解了这些"无",实现了"五个有"。其一,实现有工作的发展。党的十九届六中全会通过的《中共中央关于党的百年奋斗重大成就和历史经验的决议》(以下简称《决议》)指出:实施就业优先政策,推动实现更加充分、更高质量就业。其二,实现有声的发展。《决议》指出:积极发展全过程人民民主,健全全面、广泛、有机衔接的人民当家作主制度体系,构建多样、畅通、有序的民主渠道,丰富民主形式,从各层次各领域扩大人民有序政治参与,使各方面制度和国家治理更好体现人民意志、保障人民权益、激发人民创造。其三,实现有情的发展。《决议》指出:(1)必须把体现人民利益、反映人民愿望、维护人民权益、增进人民福祉落实到全面依法治国各领域全过程,保障和促进社会公平正义,努力让人民群众在每一项法律制度、每一个执法决定、每一宗司法案件中都感受到公平正义。(2)人民对美好生活的向往就是我们的奋斗目标,增进民生福祉是我们坚持立党为公、执政为民的本质要求,让老百姓过上好日子是我们一切工作的出发点和落脚点,补齐民生保障短板、解决好人民群众急难愁盼问题是社会建设的紧迫任务。其四，实现有根的发展。《决议》指出：习近平新时代中国特色社会主义思想是当代中国马克思主义、二十一世纪马克思主义，是中华文化和中国精神的时代精华；中华优秀传统文化是中华民族的突出优势，是我们在世界文化激荡中站稳脚跟的根基，必须结合新的时代条件传承和弘扬好。其五，实现有未来的发展。《决议》指出：生态文明建设是关乎中华民族永续发展的根本大计，保护生态环境就是保护生产力，改善生态环境就是发展生产力，决不以牺牲环境为代价换取一时的经济增长。

中国从现代化的迟到国到现代化的增长极，从现代化的追赶者到现代化的引领者，从现代化的模仿者到现代化的创造者，从现代化的被动者到现代化的主动者，历史发生着巨大的变化。我们每一个人都处在这个伟大历史进程中，不仅是见证者，而且是建设者。

三、中国式现代化体现科学社会主义的先进本质

2023年2月，在新进中央委员会的委员、候补委员和省部级主要领导干部学习贯彻习近平新时代中国特色社会主义思想和党的二十大精神研讨班开班式上的讲话中，习近平总书记提出了一个重要论断："概括提出并深入阐述中国式现代化理论，是党的二十大的一个重大理论创新，是科学社会主义的最新重大成果。"[1]还强调：中国式现代化体现科学社会主义的先进本质。这一论断是科学社会主义史上的重要思想创新。如何理解这一论断的精髓要义和丰富内涵？

---

[1] 《习近平在学习贯彻党的二十大精神研讨班开班式上发表重要讲话强调正确理解和大力推进中国式现代化》，《人民日报》2023年02月08日，第01版。

(一)中国式现代化是党的二十大的一个重大理论创新,是科学社会主义的最新重大成果

在科学社会主义史上,中国式现代化理论具有鲜明的独创性,这一理论全面体现了科学社会主义基本原则的先进性要求。科学社会主义基本原则主要是:在生产资料公有制基础上组织生产,满足全体社会成员的需要;对社会生产进行有计划的调节,实行按劳分配原则;合乎自然规律地改造和利用自然;无产阶级进行斗争的最高形式就是无产阶级革命,这个革命由无产阶级政党领导,以建立无产阶级专政的国家为目的;通过无产阶级专政的国家向无阶级、实现人自由而全面发展的共产主义过渡。科学社会主义基本原则阐明了资本主义生产的经济力量、人类社会演进的历史规律,阐明了这一不以人的意志为转移的客观规律必然会把世界引向共产主义社会。

中国式现代化是社会主义性质的现代化,本质上就是体现科学社会主义基本原则要求的现代化。科学社会主义理论的先进性体现在它强调社会化大生产的发展,使无产阶级能够摆脱生产资料迄今具有的资本属性,使生产资料的社会性质能真正充分得以实现;在这一基础上,人终于成为自己的社会结合的主人,从而也就是成为自然界的主人,成为自身的主人即自由的人。恩格斯指出:"完成这一解放世界的事业,是现代无产阶级的历史使命。深入考察这一事业的历史条件以及这一事业的性质本身,从而使负有使命完成这一事业的今天受压迫的阶级认识到自己的行动的条件和性质,这就是无产阶级运动的理论即科学社会主义的任务。"①中国式现代化理论恰恰体现了科学社会主义理论的先进性要求。中国式现代化就是在强调实现共同富裕、物质文明和精神文明相协调、人与自然和谐共生的进程中,促进物的全面丰富、社会全面进步、人的全面发展有机统一。这样一种防止了资本无序扩张、野蛮生长逻辑,防止了物质主义膨胀、精神颓废滋长,以及对大自然贪婪攫取、无限索取的现代化是一种先进的现代化,这是科学社会主义所要求的。资本主义现代化就是殖民掠夺的现代化,这些国家通过战争、殖民、掠夺等方式实现现代化的老路,那种损人利己、充满血腥罪恶的老路给广大发展中国家人民带来深重苦难。科学社会主义是坚决反对殖民掠夺的。100年前的1923年,布尔什维克党召开了第十二次代表大会,在会上,苏联对外贸易人民委员克拉辛曾经说,早期资本主义不仅仅靠克扣工人工资来加速原始积累,它还剥削殖民地、掠夺整个大陆、毁灭英格兰的自耕民、摧毁了印度农家的织布工,而正是在"印度平原白茫茫"一片尸骨之上,现代的纺织工业才得以兴起。他还特别强调,作为布尔什维克,绝对不能去剥削农民、掠夺殖民地。

(二)中国式现代化蕴含的独特的六观体现了科学社会主义的本质要求

习近平总书记在2023年2月在学习贯彻习近平新时代中国特色社会主义思想和党的二十大精神研讨班开班式上的重要讲话中提出了一个重要论断:"中国式现代化蕴含的独特世界观、价值观、

---

① 中共中央马克思恩格斯列宁斯大林著作编译局编译《马克思恩格斯文集》第三卷,人民出版社,2009,第566-567页。

历史观、文明观、民主观、生态观等及其伟大实践,是对世界现代化理论和实践的重大创新。"①这个论断的内涵十分丰富,对于我们更加全面地把握中国式现代化的世界影响具有极为现实的意义。

中国式现代化蕴含着独特的世界观。在开辟、拓展中国式现代化的历史进程中,中国共产党人形成了包括以下主要内容的世界观:深刻认识到中国式现代化不是离开世界现代化大道进行的,它是世界现代化洪流中的巨流,更是引领人类现代化走向更加光明未来的大潮,是任何堤坝都无法阻挡的大潮;中国式现代化具有世界现代化的共同特征,同时遵循现代化的一般规律,包括工业化的一般规律、城市化的一般规律等;中国式现代化打破了"现代化=西方化"的迷思,打破了西方现代化就是人类命运唯一选择的迷雾,打破了"资本主义现代化才能使国家强盛"的谜题,正如习近平总书记所言:"当我国建成社会主义现代化强国、成为世界上第一个不是走资本主义道路而是走社会主义道路成功建成现代化强国时,我们党领导人民在中国进行的伟大社会革命将更加充分地展示出其历史意义。"②

中国式现代化蕴含着独特的价值观。这一价值观是由四个方面构成的:中华传统优秀文化中的价值观,如德主刑辅、以德化人的德治主张,民贵君轻、政在养民的民本思想,等贵贱均贫富、损有余补不足的平等观念,法不阿贵、绳不挠曲的正义追求,孝悌忠信、礼义廉耻的道德操守,等等,都成为中国式现代化内在的价值追求;科

---

① 《习近平在学习贯彻党的二十大精神研讨班开班式上发表重要讲话强调正确理解和大力推进中国式现代化》,《人民日报》2023年02月08日,第01版。
② 中共中央党史和文献研究院、中央"不忘初心、牢记使命"主题教育领导小组办公室编《习近平关于"不忘初心、牢记使命"论述摘编》,党建读物出版社、中央文献出版社,2019,第39页。

学社会主义的价值观主张,也就是科学社会主义基本原则的价值理念化,这些理念不仅是科学社会主义先进本质的要求,而且是中国式现代化的科学基础;社会主义核心价值观,社会主义核心价值观把涉及国家、社会、公民的价值要求融为一体,既继承了中华优秀传统文化,又体现了社会主义本质要求,更丰富了中国式现代化的理念要求;全人类共同价值,"和平、发展、公平、正义、民主、自由"的价值要求也是贯穿中国式现代化全过程的价值观。

中国式现代化蕴含着独特的历史观。这一历史观包括三点:一是揭露西方现代化的虚伪性。一些国家走的是通过战争、殖民、掠夺等方式实现现代化的老路,那种损人利己、充满血腥罪恶的老路给广大发展中国家人民带来深重苦难,正如马克思所指出的:"在现实历史的编年史中,征服、奴役、劫掠,总之,暴力统治占优势。但是在恬静的政治经济学教科书中,从来就是田园诗占统治地位。按照这些教科书的说法,除了当前这一年以外,劳动和权利从来就是唯一的致富手段。事实上,原始积累的方法绝不是田园诗式的东西。"[①]二是强调中国式现代化的独立探索性,中国式现代化是中国人民在中国共产党的领导下不断奋斗得出来的,一部中国式现代化的历史就是一部中国人民开拓创新的历史。三是强调中国式现代化的世界历史意义,中国式现代化展现了现代化的另一幅图景,拓展了发展中国家走向现代化的路径选择,为人类对更好社会制度的探索提供了中国方案。

中国式现代化蕴含着独特的文明观。这一文明观包含着以下内容:文明是多彩的,人类文明因多样才有交流互鉴的价值,中国式

---

① 中共中央马克思恩格斯列宁斯大林著作编译局编译《马克思恩格斯全集》第四十三卷,人民出版社,2016,第768-769页。

现代化是推动文明交流互鉴的重要动力,文明因为中国式现代化的发展更加瑰丽多姿;文明是平等的,人类文明因平等才有交流互鉴的前提,中国式现代化是推动文明交流互鉴的重要路径,文明因为中国式现代化的生长而更加平等;文明是包容的,人类文明因包容才有交流互鉴的动力,中国式现代化是推动文明交流互鉴的重要基础,文明因为中国式现代化的壮大而更加包容;文明是开放的,人类文明因开放才有交流互鉴的可能,中国式现代化是推动文明交流互鉴的重要保证,文明因为中国式现代化的存在而更加开放。

中国式现代化蕴含着独特的民主观。这一民主观是总结人类现代化基础上提出来的,也是在推动社会主义现代化过程中形成的。这一民主观包括:没有民主,就没有社会主义现代化,社会主义现代化是在人民民主制度基础上发展的,离开了民主,就不可能实现现代化;没有全过程人民民主,就没有中国式现代化,中国式现代化是充分实现人民平等参与、平等发展权利基础上发展的;西方的现代化实现的只是资本的民主,只是实现了少数资本家的民主,并没有实现人民的民主权利。

中国式现代化蕴含着独特的生态观。这一生态观包括:人类从进入工业文明时代以来,传统工业化迅猛发展,在创造巨大物质财富的同时也加速了对自然资源的攫取,因为资本的野蛮掠夺,打破了地球生态系统原有的循环和平衡,造成了人与自然的关系紧张;从政治经济学的角度看,供给侧结构性改革的根本,是使我国供给能力更好满足广大人民日益增长、不断升级和个性化的物质文化和生态环境需要,从而实现社会主义生产的目的;我们要建设的现代化是人与自然和谐共生的现代化,既要创造更多物质财富和精神财富以满足人民日益增长的美好生活需要,也要提供更多优质生态产品以满足人民日益增长的优美生态环境需要。

(三)中国式现代化强调坚持党的领导,体现了科学社会主义要求的马克思主义政党的先进性

我们知道,《共产党宣言》的一个重要思想就是强调共产党没有自己的特殊利益。无产阶级政党没有自己的党派私利是由其党的先进性决定的,它代表着人类发展的方向,是最无私无畏的政党。无产阶级作为大工业发展的产物,是最有前途的阶级。这个阶级不仅要解放自己,而且要解放全人类。如果它不能解放全人类,就无法解放自己。这就决定了无产阶级不能有自己的阶级私利,而是应当把阶级利益与整个人类的利益结合在一起。

中国式现代化能否成功,最关键的就是取决于党的领导。习近平总书记指出:"党的领导直接关系中国式现代化的根本方向、前途命运、最终成败。"①党的领导决定中国式现代化的根本性质,确保中国式现代化锚定奋斗目标行稳致远,激发建设中国式现代化的强劲动力,凝聚建设中国式现代化的磅礴力量。这些论断体现了马克思主义政党先进性和纯洁性的要求,也发展了马克思主义政党理论。中国共产党为什么能够不断推动中国式现代化的进程?一个根本原因,就是中国共产党没有自己的特殊利益,从来不代表任何利益集团、任何权势团体、任何特权阶层的利益。党的二十大报告指出三个坚决:"坚决查处政治问题和经济问题交织的腐败,坚决防止领导干部成为利益集团和权势团体的代言人、代理人,坚决治理

---

① 《习近平在学习贯彻党的二十大精神研讨班开班式上发表重要讲话强调正确理解和大力推进中国式现代化》,《人民日报》2023年2月8日,第01版。

政商勾连破坏政治生态和经济发展环境问题,决不姑息。"①如果领导干部自觉不自觉地成为了各种利益集团、权势团体、特权阶层的代言人、代理人,就会形成各种各样的既得利益集团,党就会有自己的特殊利益,中国式现代化就会半途而废,就会迟滞中断。为什么很多发展中国家无法独立自主实现现代化？一个重要原因就是其政党都是资产阶级政党,都有党派私利。有特殊私利的资产阶级政党不仅不能够领导一个国家实现现代化,反而会成为现代化的阻碍。

(四)中国式现代化要在本世纪中叶全面建成社会主义现代化强国,这体现了科学社会主义关于未来新社会的本质规律

近130年前,也就是恩格斯逝世的前一年,意大利人卡内帕给恩格斯写信,请求他为即将在日内瓦出版的《新纪元》周刊创刊号题词,而且要求尽量用简短的字句来表述未来的社会主义纪元的基本思想,以区别于伟大诗人但丁所界定的"一些人统治,另一些人受苦难"的旧纪元。恩格斯回答:"除了《共产党宣言》中的下面这句话,我再也找不出合适的了:'代替那存在着阶级和阶级对立的资产阶级旧社会的,将是这样一个联合体,在那里,每个人的自由发展是一切人的自由发展的条件。'"②"人自由而全面的发展"被马克思主义创始人称为"新社会的本质"。这一论断贯穿于马克思恩格斯的一生,在《资本论》中,马克思认为比资本主义更高级的社会形式的"基

---

① 习近平:《高举中国特色社会主义伟大旗帜 为全面建设社会主义现代化国家而团结奋斗——在中国共产党第二十次全国代表大会上的报告(2022年10月16日)》,人民出版社,2022,第69页。
② 中国社会科学院马克思主义研究院编《马克思 恩格斯 列宁论意识形态》,人民出版社,2009,第285页。

本原则"就是"每一个个人的全面而自由的发展。"①恩格斯讲得更加清晰:"我们的目的是要建立社会主义制度,这种制度将给所有的人提供健康而有益的工作,给所有的人提供充足的物质生活和闲暇时间,给所有的人提供真正的充分的自由。"②健康有益的工作、充足的物质生活、足量的闲暇时间、全面的能力发展、自由的施展才华,这就是科学社会主义对未来社会的设想,这是人类最先进的社会制度。

中国式现代化的目标追求从根本上体现了科学社会主义关于未来新社会的先进本质。到本世纪中叶,中国要建成富强民主文明和谐美丽的社会主义现代化强国,还要成为综合国力和国际影响力领先的社会主义现代化强国。这个现代化强国的要求就包含着科学社会主义对未来社会的构想。在现实进程中,中国式现代化的先进性还体现在:既要创造比资本主义更高的效率,又要更有效地维护社会公平,更好实现效率与公平相兼顾、相促进、相统一,中国式现代化是实现效率和公平有机统一的现代化;不仅能够促进物的全面丰富,不断厚植现代化的物质基础,不断夯实人民幸福生活的物质条件,而且能够实现人的自由全面发展,切实防止"单向度的人"或者是"无灵魂的人";不仅能够实现全体人民物质生活的共同富裕,而且能够实现精神生活的共同富裕,还能够实现政治生活的共同富裕。

---

① 中共中央马克思恩格斯列宁斯大林著作编译局编译《马克思恩格斯全集》第四十四卷,人民出版社,2001年第2版,第683页。
② 中共中央马克思恩格斯列宁斯大林著作编译局编译《马克思恩格斯全集》第二十一卷,人民出版社,1965,第570页。

第一章
中国式现代化的历史渊源

1840年鸦片战争以后,由于西方列强入侵和封建统治腐败,中国逐步沦为半殖民地半封建社会,国家蒙辱、人民蒙难、文明蒙尘,中华民族遭受了前所未有的劫难。为了使国家不再蒙辱、人民不再蒙难、文明不再蒙尘,中国共产党领导人民浴血奋战、百折不挠,创造了新民主主义革命的伟大成就;自力更生、发愤图强,创造了社会主义革命和建设的伟大成就;解放思想、锐意进取,创造了改革开放和社会主义现代化建设的伟大成就;自信自强、守正创新,创造了新时代中国特色社会主义的伟大成就。这一切伟大成就不仅为中华民族伟大复兴提供了坚实基础,也为我们建成社会主义现代化强国打下了基础。

一、孙中山的建国方略:从近代化到现代化

对于孙中山在推动中国现代化发展上的贡献,习近平总书记是给予高度评价的。他说:"孙中山先生的《建国大纲》被称为近代中

国谋求现代化的第一份蓝图,但在半殖民地半封建社会的条件下,中国现代化没有也不可能取得成功。"①孙中山先生致力于中国现代化的发展,这一点是有先见的。以色列汉学奠基人、美国历史学家史扶邻在其《孙中山与中国革命》一书中说:"孙中山确有远见卓识。民族主义革命尚未成功,他就开始思考社会经济问题的解决方案。早期孙中山想要的不仅是按照西方模式建立一个新社会,他也在为更高类型的社会秩序而谋划。"②他还明确指出:"孙中山的卓越的崇高目标是迅速使中国现代化,与世界各国地位平等。"③孙中山为此奋斗了一生。

1912年1月1日,中华民国南京临时政府成立,孙中山就任临时大总统,44天后的2月13日,也就是清帝逊位的第二天,根据南北议和秘密协议,孙中山辞去临时大总统职务,由袁世凯接任中华民国临时大总统。此后的孙中山,一直致力于宣传三民主义思想,维护《中华民国临时约法》,在与北洋政府的斗争过程中,孙中山开始着手撰写他的重要著作——《建国方略》。这部著作从1917年开始到1919年完成,共耗时三年。孙中山特别重视国家基础设施建设特别是铁路建设。孙中山认为:"国家之贫富,可以铁道之多寡定之,地方之苦乐,可以铁道之远近计之。"④他在《建国方略》中提出未来中国要建成16万公里铁路和160万公里公路的计划,其中包

---

① 中共中央宣传部编《习近平新时代中国特色社会主义思想学习问答》,学习出版社、人民出版社,2021,第122页。
② 史扶邻:《孙中山与中国革命》(下),丘权政、符致兴译,山西出版集团、山西人民出版社,2010,第488页。
③ 史扶邻:《孙中山与中国革命》(下),丘权政、符致兴译,山西出版集团、山西人民出版社,2010,第491页。
④ 《孙中山全集》第八卷,人民出版社,2015,第200页。

括扩建西北铁路、高原铁路等。他计划分别在中国中部、北部、南部各建一个港口,覆盖长江三角洲地区、环渤海和珠江三角洲地区。关于工业原料,孙中山希望能设冶铁、制钢并造士敏土(即水泥)之大工厂①。设想按人口比例,中国煤炭产量应4倍于美国,也就是年采煤24亿吨。《建国方略·实业计划》成书时,已在四川、甘肃、新疆和陕西等省区发现石油,但当时无力勘探开发。孙中山认为:"如待至中国将来汽车盛行之时,煤汽之需用或增至千倍。当此欧美各国煤油正在日渐减缩,由外国输入之煤油、煤气,断不足以供中国之需要,此所以在中国以开采油矿为必要之图也。"②孙中山的构想可谓是气势磅礴,具有前瞻性、战略性。孙中山对于中国实现现代化的世界意义也进行了阐述。他指出:"自美国工商发达以来,世界已大受其益,此四万万人之中国,一旦发达工商,以经济的眼光视之,何啻新辟一世界?而参与此开发之役者,亦必获超越寻常之利益,可无疑也。且此种国家协助,可使人类博爱之情,益加巩固,而国际同盟,亦得藉此以巩固其基础,此又予所确信者也。"③孙中山关于现代化的思想有这样几个特点:第一,视野比较宏阔,以一个大的历史尺度上去思考中国的现代化之路。孙中山考虑中国的现代化不是着眼于比较短的历史时期,而是有比较长远的打算。他曾经指出,国家建设大计,"当远测于十百年后,始能立国基于永久。建设最要之一件,则为交通。以今日之国势,交通最要者,则为铁路。无交通,则国家无灵活运动之机械,则建设之事,千端万绪,皆不克

---

① 《孙中山选集》(上),人民出版社,2011,第225页。
② 《孙中山选集》(上),人民出版社,2011,第377页。
③ 胡钢主编《孙中山思想概论》,天津人民出版社,2006,第172页。

举"①。这里他提出了百年的历史维度。第二,以主权在民的民权主义作为中国实现现代化的政治基础。也就是说,现代化不仅仅是经济现代化,更重要的是政治现代化。1922年,他提出了主权在民的新要求:"欲知主权在民之实现与否,不当于权力之分配观之,而当于权力之所在观之。权在于官,不在于民,则为官治;权在于民,不在于官,则为民治。"②他还特别强调,官员要以人民为主体,民治下的官"只尽其能,不窃其权,予夺之自由仍在于人民,是以人民为主体,人民为自动者"③。第三,不走西方工业化的老路。他十分强调在工业化过程中要"节制资本",防止出现社会贫富不均的大毛病。1906年12月,孙中山在日本东京《民报》创刊周年庆祝大会上作了演说。他指出,欧美国家贫富悬殊,不能解决各种社会问题,关键是没有解决土地问题。大凡文明进步,地价必然大涨,"中国现在资本家还没有出世,所以几千年地价从来没有加增"④。但是革命之后,却不能像以前一样了,"比方现在香港、上海地价比内地高至数百倍,因为文明发达,交通便利,故此涨到这样。假如他日全国改良,那地价一定是跟着文明日日涨高的。到那时候,以前值一万银子的地,必涨至数十万、数百万。上海五十年前,黄浦滩边的地本无甚价值,近来竟加至每亩数十万元,这就是最显明的证据了。就这样看来,将来富者日富,贫者日贫,十年之后,社会问题便一天紧似一天了"⑤。在现代化过程中,对资本进行节制是十分必要的,如果没有这种限制,资本就可能成为一种无法无天的"利维坦"。

---

① 《孙中山全集》第二卷,中华书局,2006,第496页。
② 《孙中山全集》第二卷,人民出版社,2015,第202页。
③ 《孙中山全集》第二卷,人民出版社,2015,第202页。
④ 《孙中山选集》(上),人民出版社,2011,第90页。
⑤ 《孙中山选集》(上),人民出版社,2011,第90—91页。

2016年11月11日,在纪念孙中山先生诞辰150周年大会上的讲话中,习近平总书记指出:"孙中山先生在从事紧张的革命活动的过程中,一直思考着建设中国的问题。1917年到1919年,他写出《建国方略》一书,构想了中国建设的宏伟蓝图,其中提出要修建约16万公里的铁路,把中国沿海、内地、边疆连接起来;修建160万公里的公路,形成遍布全国的公路网,并进入青藏高原;开凿和整修全国水道和运河,建设三峡大坝,发展内河交通和水利、电力事业;在中国北部、中部、南部沿海各修建一个世界水平的大海港;大力发展农业、制造业、矿业,等等。孙中山先生擘画的这个蓝图,显示了他对中国发展的卓越见解和强烈期盼。当时,有的外国记者认为孙中山先生的这些设想完全是一种空想,是不可能实现的。"①

"的确,在旧中国的政治经济社会条件下,孙中山先生的这些宏大构想是难以实现的。今天,在中国共产党领导下,在全国各族人民顽强奋斗下,孙中山先生当年描绘的这个蓝图早已实现,中国人民创造的许多成就远远超出了孙中山先生的设想。"②

这里习近平总书记既指出了孙中山先生关于现代化蓝图构想的宏伟性和无人企及的一面,也强调了其蓝图无法在当时条件下实现的原因。实践充分说明,只有道路正确、理论正确、制度正确、文化正确,只有坚定不移、坚韧不拔、坚持不懈、艰苦奋斗,现代化的目标才能实现。

美国当代著名经济学家、麻省理工学院管理学与经济学教授、

---

① 习近平:《在纪念孙中山先生诞辰150周年大会上的讲话》,人民出版社,2016,第11页。
② 习近平:《在纪念孙中山先生诞辰150周年大会上的讲话》,人民出版社,2016,第11—12页。

被认为是世界级的经济问题权威的莱斯特·瑟罗在1996年出版了一本著作——《资本主义的未来》。他在该书的最后讲了一个生动的故事。莱斯特·瑟罗说,哥伦布很聪明,他知道地球是圆的,但他在计算上出了错,以为地球的直径只有它实际长度的3/4。他还把东去亚洲的陆地距离估计得过长,把西去亚洲的水陆路距离估计得太短。这些错误混合在一起使他误认为印度(当时这个词指的是亚洲)距离加那利群岛只有大约6300公里,美洲差不多正好就在那里。哥伦布的船上只带有那么多水,若没有美洲,哥伦布和他所有的水手都会渴死,他们也就不会青史留名了。

莱斯特·瑟罗接着说:"哥伦布之所以能作为世界上最伟大的探险家,或许也作为历史上最著名的人物永载史册,是因为他发现了完全出乎意料的美洲,那里恰好拥有大量的黄金。这个故事的一则寓意是聪明很重要,但运气更重要。然而,说到底,哥伦布并不是因为运气才成功的。他的成功是他不顾周围人的反对,努力地向前人未曾去过的方向行驶才获得的,若没有这种巨大的努力,他就不可能有获得如此鸿运的局面。"①新中国成立之前,由于社会制度的腐败和帝国主义的压迫,中国的现代化走过很多弯路、曲折之路。但正是由于无数仁人志士的不懈奋斗,我们始终向着现代化的方向不断前进。

二、中国共产党人在新民主主义革命时期的探索

中国共产党成立后不仅致力于为人民谋幸福、为民族谋复兴,而且不断探索实现民族伟大复兴的正确道路,特别是现代化道路。

---

① 莱斯特·瑟罗:《资本主义的未来》,周晓钟译,中国社会科学出版社,1997,第320—321页。

毛泽东同志创立的新民主主义理论，成功地指导中国新民主主义革命取得胜利，并且正确回答、解决了中国这样一个经济、文化落后的农业国家在民主革命胜利后进行现代化建设的一系列根本性问题。在1940年年初发表的《新民主主义论》这篇著名文章里，毛泽东同志第一次系统地描绘了一个现代化新中国的图景："我们共产党人，多年以来，不但为中国的政治革命和经济革命而奋斗，而且为中国的文化革命而奋斗；一切这些的目的，在于建设一个中华民族的新社会和新国家。在这个新社会和新国家中，不但有新政治、新经济，而且有新文化。这就是说，我们不但要把一个政治上受压迫、经济上受剥削的中国，变为一个政治上自由和经济上繁荣的中国，而且要把一个被旧文化统治因而愚昧落后的中国，变为一个被新文化统治因而文明先进的中国。一句话，我们要建立一个新中国。"①可以说，毛泽东同志在中国现代化进程中无论在理论上还是在实践上都有自己的独特贡献。

首先，毛泽东新民主主义理论第一次系统全面地提出了中国现代化建设的纲领、目标和根本途径。毛泽东同志提出的中国现代化的纲领，也就是他提出的新民主主义革命的纲领。这个纲领提出的现代化目标，是全面的目标，不仅包括经济现代化，还包括政治现代化、文化现代化。

毛泽东新民主主义理论第一次科学地揭示，中国现代化的根本途径是工业化，变农业国为工业国。他还提出了工业化的标准，这就是工业必须成为社会的"主要经济基础"，"中国社会的进步将主

---

① 《毛泽东选集》第二卷，人民出版社，1991，第663页。

要依靠工业的发展"①。"共产党是要努力于中国的工业化的"②,这是1944年5月22日毛泽东同志在中共中央办公厅为陕甘宁边区工厂厂长及职工代表会议举行的招待会上的讲话中特别强调的一个论断。毛泽东同志认为,要打倒日本帝国主义,必须有工业;中国落后的原因,主要的是没有新式工业,日本帝国主义敢于野蛮欺负中国,就是因为中国没有强大的工业,它欺负我们的落后。毛泽东同志还认为,要使中国的民族独立有巩固的保障,就必须实现工业化,"我们共产党是要努力于中国的工业化的"③。实现工业化还关乎人民群众能否支持我们。毛泽东同志明确指出:"如果我们不能解决经济问题,如果我们不能建立新式工业,如果我们不能发展生产力,老百姓就不一定拥护我们。"④如果我们共产党员不关心工业,只会做一种抽象的"革命工作",这种"革命家"是毫无价值的。所以,他十分明确地指出:"我们应该反对这种空头'革命家',学习使中国工业化的各种技术知识。"⑤1945年4月,在党的七大上做的《论联合政府》的政治报告中,毛泽东同志强调:"为着打败日本侵略者和建设新中国,必须发展工业。"⑥因为没有工业,便没有巩固的国防,便没有人民的福利,便没有国家的富强。在新民主主义的政治条件即独立、自由、民主和统一获得之后,中国人民和政府就会采取切实的步骤,在若干年内逐步地建立重工业和轻工业,使中国由

---

① 中共中央文献研究室编《毛泽东文集》第三卷,人民出版社,1996,第183页。
② 中共中央文献研究室编《毛泽东文集》第三卷,人民出版社,1996,第146页。
③ 中共中央文献研究室编《毛泽东思想年编(一九二一—一九七五)》,中央文献出版社,2011,第385-386页。
④ 中共中央文献研究室编《毛泽东文集》第三卷,人民出版社,1996,第147页。
⑤ 中共中央文献研究室编《毛泽东文集》第三卷,人民出版社,1996,第147页。
⑥ 《毛泽东选集》第三卷,人民出版社,1991,第1080页。

农业国变为工业国。毛泽东同志特别指出了在工业化和农业近代化的过程中工人阶级的伟大作用,"中国工人阶级的任务,不但是为着建立新民主主义的国家而斗争,而且是为着中国的工业化和农业近代化而斗争"①。毛泽东同志从民族的前途与命运的角度出发来强调发展工业化的极端重要性,这说明中国共产党人对于现代化建设有着前瞻性、战略性考量。在那么激烈的战争状态下,在那么残酷的社会阶级斗争状况下,能够持续不断强调发展工业化,发展近代化农业,只有中国共产党这样先进的无产阶级政党才能够有这样的真知灼见。

在抗战时期,毛泽东同志还强调一方面取之于民,一方面要使人民经济有所增长,对人民的农业、畜牧业、手工业、盐业和商业采取帮助其发展的适当步骤和方法,绝不能像国民党那样对人民只是竭泽而渔、诛求不已。这使我们想起"金壶丹书"的故事。春秋时期,景公游于纪,得金壶,乃发视之,中有丹书,"曰:'食鱼无反,勿乘驽马。'公曰:'善哉,如若言!食鱼无反,则恶其鳋也;勿乘驽马,恶其取道不远也。'晏子对曰:'不然。食鱼无反,毋尽民力乎!勿乘驽马,则无置不肖于侧乎!'"②齐景公在纪国游历时,得到一个金壶,打开一看,里面有一幅用红笔书写的帛书,上面写着:"吃鱼不要翻面,不要乘坐劣马。"景公说:"好啊,说得真有道理!吃鱼不要翻面,是讨厌它的鱼腥味;不要乘坐劣马,是不喜欢它走不了远路。"晏子回答道:"不是这样的。吃鱼不要翻面,是让国君不要用尽百姓的力气!不要乘坐劣马,是让国君不要把没有才能的人放在身边使用啊!"共产党人一直在保护民力,为民造福,而国民党则是耗尽民力,

---

① 《毛泽东选集》第三卷,人民出版社,1991,第1081页。
② 张锦池:《三国演义考论》,人民出版社,2016,第229页。

拼命榨取民脂民膏。

其次,毛泽东新民主主义理论开辟了一条非资本主义发展前途的社会主义现代化道路。毛泽东同志提出建立新民主主义的社会和国家,一方面是要与蒋介石封建法西斯主义划清界限;另一方面又要与欧美资本主义划清界限。他指出,中国"决不能建立欧美式的资本主义社会"①,新民主主义是向社会主义过渡的形式,它的前途是社会主义。毛泽东同志认定,新民主主义社会内部这种社会主义因素的发展,即是社会主义发展前途的保证。在政治方面,毛泽东同志的构想是:在全国范围内推翻国民党反动统治,建立人民民主专政。在经济方面,其基本构想是:在城市,逐步发展社会主义性质的国营经济、公营经济,使之成为整个国民经济的领导力量。在农村,发展具有社会主义因素的合作社经济。在文化方面,其构想是:新民主主义文化要"以无产阶级社会主义文化思想为领导","应当努力在工人阶级中宣传社会主义和共产主义,并适当地有步骤地用社会主义教育农民及其他群众"②。

毛泽东同志在新民主主义革命时期对于现代化的探索尽管还只是初步的,但有三个特点:第一,始终立足于新民主主义革命的性质和要求,把现代化的目标和设计放到新民主主义革命的总体中来把握。毛泽东同志从来没有孤立地看待中国的现代化,而是把现代化置于革命发展的历史洪流中。第二,始终把现代化的主体力量看作是人民大众,不是脱离民众的力量来空想、空谈现代化。如何实现现代化、靠谁来实现现代化?资产阶级学者认为是少数人来推动的。毛泽东同志以马克思主义的科学理论为指导,寻找到了"创造

---

① 《毛泽东选集》第二卷,人民出版社,1991,第679页。
② 《毛泽东选集》第二卷,人民出版社,1991,第704页。

世界历史的唯一动力",这就是人民,人民是现代化的动力之源。第三,始终强调中国的现代化不能走西方的道路,那条道路在中国走不通。那条道路不仅是"先生"老打"学生"的道路,关键是"先生"之间还在相互厮打的道路。如果走那条道路,就会天天被"先生"打,打得头破血流。

三、中国共产党人在社会主义革命和建设时期的探索

中国的现代化道路是从新中国成立后才正式开启的。新中国成立后,党对社会主义现代化道路进行了艰辛探索。为恢复和发展国民经济,党在深入研究中国现代化建设的特点和规律基础上,针对基本国情制定了过渡时期总路线即"一化三改",把社会主义工业化作为主体,开始优先发展重工业。

1954年6月,毛泽东同志在中央人民政府委员会第三十次会议上的讲话中说:"我们的总目标,是为建设一个伟大的社会主义国家而奋斗。我们是一个六亿人口的大国,要实现社会主义工业化,要实现农业的社会主义化、机械化,要建成一个伟大的社会主义国家,究竟需要多少时间?现在不讲死,大概是三个五年计划,即十五年左右,可以打下一个基础。到那时,是不是就很伟大了呢?不一定。我看,我们要建成一个伟大的社会主义国家,大概经过五十年即十个五年计划,就差不多了,就像个样子了,就同现在大不一样了。现在我们能造什么?能造桌子椅子,能造茶碗茶壶,能种粮食,还能磨成面粉,还能造纸,但是,一辆汽车、一架飞机、一辆坦克、一辆拖拉机都不能造。牛皮不要吹得太大,尾巴不要翘起来。当然,我不是讲,能造一辆,尾巴就可以翘一点,能造十辆,尾巴就可以翘

得高一点,随着辆数的增加,尾巴就翘得更高一些。那是不行的。就是到五十年后像个样子了,也要和现在一样谦虚。如果到那时候骄傲了,看人家不起了,那就不好。一百年也不要骄傲。永远也不要翘尾巴。"①毛泽东同志这段讲话非常有意思:我们的总目标是建设一个伟大的社会主义国家,它包括社会主义工业化和农业的社会主义化、机械化;实现这样一个目标首先需要三个五年计划打下一个基础,即十五年左右;实现这样一个目标需要经过五十年即十个五年计划;实现这样一个目标后,我们也不能有丝毫的骄傲。

1954年9月,在第一届全国人民代表大会第一次会议上作的开幕词中,毛泽东同志指出:"准备在几个五年计划之内,将我们现在这样一个经济上文化上落后的国家,建设成为一个工业化的具有高度现代文化程度的伟大的国家。"②这个思想与在中央人民政府委员会第三十次会议上的讲话是一致的。1954年9月23日,周恩来同志在这次会上所作的政府工作报告中,从"摆脱落后和贫困"必须具备的条件出发,提出要"建设起强大的现代化的工业、现代化的农业、现代化的交通运输业和现代化的国防"。这是新中国领导人第一次提出四个现代化的概念。1955年,在中国共产党全国代表会议上的讲话中,毛泽东同志进一步强调至少用半个世纪的时间建成伟大的社会主义国家。"在我们这样一个大国里面,情况是复杂的,国民经济原来又很落后,要建成社会主义社会,并不是轻而易举的事。我们可能经过三个五年计划建成社会主义社会,但要建成为一个强大的高度社会主义工业化的国家,就需要有几十年的艰苦努

---

① 中共中央文献研究室编《毛泽东文集》第六卷,人民出版社,1999,第329页。
② 中共中央文献研究室编《毛泽东文集》第六卷,人民出版社,1999,第350页。

力,比如说,要有五十年的时间,即本世纪的整个下半世纪。"①"要在大约几十年内追上或赶过世界上最强大的资本主义国家"②。中国共产党对于现代化一直有自己的时间表,这个时间表是根据历史状况和现实条件不断进行调整的。尽管有的时候过于乐观,产生某些急躁情绪,带来一些这样那样的问题,但总的来看,我们党对于现代化时间表的设计基本上是客观的。1957年,毛泽东同志在第八届中央委员会三次全体会议(扩大)上明确提出:"必须实行工业与农业同时并举,逐步建立现代化的工业和现代化的农业。"③党关于工业与农业现代化的理论与实践探索,初步奠定了中国现代化建设的基础。此后随着对现代化建设认识与形势发生变化,党不断调整和完善社会主义现代化的内容。1957年,毛泽东同志指出:"我们一定会建设一个具有现代工业、现代农业和现代科学文化的社会主义国家。"④1959年,毛泽东同志在此前三个现代化基础上进一步强调:"建设社会主义,原来要求是工业现代化,农业现代化,科学文化现代化,现在要加上国防现代化。"⑤后来党认识到现代科学技术对于国家现代化建设的重要作用,又将"科学文化现代化"改为"科学技术现代化"。

俄罗斯人、享有国际声誉的汉学家、美国首都大学人文学院历史学教授亚历山大·潘佐夫在2007年出版的《毛泽东传(下)》指

---

① 中共中央文献研究室编《毛泽东文集》第六卷,人民出版社,1999,第390页。
② 中共中央文献研究室编《毛泽东文集》第六卷,人民出版社,1999,第392页。
③ 中共中央文献研究室编《建国以来重要文献选编》第十册,中央文献出版社,1994,第604页。
④ 中共中央文献研究室编《建国以来重要文献选编》第十册,中央文献出版社,1994,第111页。
⑤ 中共中央文献研究室编《毛泽东文集》第八卷,人民出版社,1999,第116页。

出:"在第一个五年计划期间,中国工业增长的速度远远超过计划,根据各种统计综合测算,年均增长实际上达到了16%—18%,工业总产值增加了一倍多,生铁和钢的产量增加了两倍。"①这里面苏联对中国经济特别是对工业的援助,起了重要作用。但归根结底还是中国共产党对于工业化的重视。这一点,亚历山大·潘佐夫在其《毛泽东传(下)》中指出:"虽说苏联援助功不可没,但中国工业的快速增长首先还是得益于国家对经济现代化的大规模投资。国家投资占经济基础部门所获投资总额的97%。"②可以说,我们党的领导人特别是毛泽东同志在经历了土地革命战争,经历了抗日战争、解放战争和抗美援朝战争后,充分意识到工业化对于一个国家发展的极端重要性。

正是中国共产党人在现代化建设问题上具有坚韧不拔的态度,所以,无论遇到多大困难,遇到什么问题,都始终致力于现代化事业。1964年12月21日,根据毛泽东同志的提议,周恩来同志在政府工作报告中正式提出四个现代化的战略目标。他指出,我们今后发展国民经济的主要任务,"就是要在不太长的历史时期内,把我国建设成为一个具有现代农业、现代工业、现代国防和现代科学技术的社会主义强国,赶上和超过世界先进水平"③。他同时提出,要在20世纪内分两步实现四个现代化,即"第一步,建立一个独立的比较完整的工业体系和国民经济体系;第二步,全面实现农业、工业、

---

① 亚历山大·潘佐夫:《毛泽东传(下)》,卿文辉、崔海智等译,中国人民大学出版社,2015,第619页。
② 亚历山大·潘佐夫:《毛泽东传(下)》,卿文辉、崔海智等译,中国人民大学出版社,2015,第620页。
③ 《周恩来选集》(下卷),人民出版社,1984,第439页。

国防和科学技术的现代化,使我国经济走在世界前列"①。从此,四个现代化成为激励全国各族人民共同奋斗的宏伟目标。对于毛泽东同志领导我们开启的社会主义现代化道路,早在20世纪70年代就有一些国外著名的研究现代化的学者给予了充分的肯定。美国现代化研究的学术领军人物、普林斯顿大学教授布莱克在1976年编辑出版的《比较现代化》一书中就表明了这样的观点。布莱克说:"一种典型的民粹主义观点认为,统治美国和苏联两国的政府所执行的政策是不顾广大国民的自由和福利,而是导向经济增长、战争和腐败。毛泽东思想的方法是选择另一种政策,把财富的平均分配和收入平等看作高于一切。有人会认为,中国采取这种政策是由于非采取不可,因为它的人口与粮食和其他资源的供应能力相比,为数过多,而在先进国家中,如果它们的贪得无厌迫使它们退回到现有资源的极限时,它们也不得不从发展转向分配。"②可以说,现代化进程中必须十分关注和高度重视收入分配制度问题,这个问题,中国共产党人从踏上现代化建设之日起就给予了特别关注。

四、中国式现代化的提出:改革开放和社会主义现代化建设新时期的探索

党的十一届三中全会开辟了社会主义现代化建设的新时期。改革开放之初,党结合这一时期的新特点新要求,在对我国社会主义现代化建设持续探索中,正式提出了"中国式的现代化"这一概念。在1978年党的十一届三中全会实现伟大的历史转折之后,邓

---

① 李海文:《周恩来研究述评》,中央文献出版社,1997,第387页。
② 西里尔·E.布莱克编《比较现代化》,杨豫、陈祖洲译,上海译文出版社,1996,第15页。

小平同志一直在思考中国发展的目标问题。1979年3月21日,邓小平同志在会见英中文化协会会长麦克唐纳时,第一次提出了"中国式的四个现代化"的新概念。他说:"我们定的目标是在本世纪末实现四个现代化。我们的概念与西方不同,我姑且用个新说法,叫做'中国式的四个现代化'。现在我们的技术水平还是你们五十年代的水平。如果本世纪末能达到你们七十年代的水平,那就很了不起。"①同日,陈云同志在中央政治局会议上的讲话中指出:"我们搞四个现代化,建设社会主义强国,是在什么情况下进行的。讲实事求是,先要把'实事'搞清楚。这个问题不搞清楚,什么事情也搞不好。我们国家是一个九亿多人口的大国。百分之八十的人口是农民……一方面我们还很穷,另一方面要经过二十年,即在本世纪末实现四个现代化。这是一个矛盾。人口多,要提高生活水平不容易;搞现代化用人少,就业难。我们只能在这种矛盾中搞四化。这个现实的情况,是制定建设蓝图的出发点。"②之后邓小平同志反复思考和阐述这个问题。3月23日,邓小平同志在中央政治局会议上把他两天前提出的"中国式的四个现代化"概括为"中国式的现代化"。邓小平同志明确强调:"现在搞建设,也要适合中国情况,走出一条中国式的现代化道路。"③就我国的基本国情而言,在生产力相对落后的情况下实现社会主义现代化,是新时期中国共产党人始终着力解决的历史性难题。

在随后的一系列重要谈话中,邓小平同志系统阐述了"中国式

---

① 中共中央文献研究室编《邓小平思想年谱(一九七五——一九九七)》,中央文献出版社,1998,第111页。
② 《陈云文选》第三卷,人民出版社,1995,第250页。
③ 《邓小平文选》第二卷,人民出版社,1994,第163页。

的现代化"的重要内涵与战略安排。首先,他第一次以"小康"这样一个带有鲜明传统文化色彩的概念来阐述中国式现代化的目标。1979年12月6日,邓小平同志在会见日本首相大平正芳时使用"小康"来描述中国式的现代化。他说:"我们要实现的四个现代化,是中国式的四个现代化。我们的四个现代化的概念,不是像你们那样的现代化的概念,而是'小康之家'。到本世纪末,中国的四个现代化即使达到了某种目标,我们的国民生产总值人均水平也还是很低的。要达到第三世界中比较富裕一点的国家的水平,比如国民生产总值人均一千美元,也还得付出很大的努力。就算达到那样的水平,同西方来比,也还是落后的。所以,我只能说,中国到那时也还是一个小康的状态。"[①]1980年1月16日,邓小平同志在中共中央召集的干部会议上的讲话中指出,到本世纪末,争取国民生产总值每人平均达到1000美元,算个小康水平。同年10月15日,邓小平同志在人民解放军总参谋部召开的防卫作战研究班全体会议上的讲话中指出:"现在我们搞四个现代化,提的目标就是争取二十年翻两番。到本世纪末人均国民生产总值达到八百至一千美元,进入小康社会。"[②]1982年8月10日,邓小平同志在会见美籍华人科学家时指出:"我们提出二十年改变面貌,不是胡思乱想、海阔天空的变化,只是达到一个小康社会的变化,这是有把握的。小康是指国民生产总值达到一万亿美元,人均八百美元。社会主义制度收入分配是合理的,赤贫的现象可以消灭。到那时,国民收入的百分之一分

---

① 《邓小平文选》第二卷,人民出版社,1994,第237页。
② 中共中央文献研究室编《邓小平年谱(一九七五—一九九七)》(上),中央文献出版社,2004,第681页。

配到科学教育事业,情况就会大不同于现在。"①1983年,邓小平同志针对新的历史时期的特点与要求,明确强调"我们搞的现代化,是中国式的现代化"②。1983年5月26日,邓小平同志在会见世界银行行长克劳森时指出:"占世界人口四分之一的中国在本世纪末摆脱贫困落后的状态,建成一个小康社会,这对世界经济的稳定和发展将是一个重要贡献。"③其次,邓小平同志不断丰富和完善社会主义现代化的战略目标与部署。20世纪80年代中期,邓小平同志基于中国实际与时代特征提出了现代化建设的"三步走"战略,并且首次提出了到21世纪中叶基本实现现代化的发展目标。1987年10月25日—11月1日,中国共产党第十三次全国代表大会举行。大会通过的报告《沿着有中国特色的社会主义道路前进》,阐述社会主义初级阶段理论,提出党在社会主义初级阶段的基本路线。大会提出分三步走,到21世纪中叶基本实现现代化的战略目标,即:第一步,实现国民生产总值比1980年翻一番,解决人民的温饱问题。这个任务已经基本实现。第二步,到20世纪末,使国民生产总值再增长一倍,人民生活达到小康水平。第三步,到21世纪中叶,人均国民生产总值达到中等发达国家水平,人民生活比较富裕,基本实现现代化。从此意义上讲,"三步走"战略的提出,绘就了中国式现代化建设的宏伟蓝图。

党的十三届四中全会以来,面对苏联解体、东欧剧变,世界社会主义运动陷入低潮,国内又出现政治风波与经济风险等严峻考验,

---

① 中共中央文献研究室编《邓小平年谱(一九七五——一九九七)》(下),中央文献出版社,2004,第837—838页。
② 《邓小平文选》第三卷,人民出版社,1993,第29页。
③ 中共中央文献研究室编《邓小平思想年编(一九七五——一九九七)》,中央文献出版社,2011,第463页。

中国向何处去？以江泽民同志为核心的第三代中央领导集体捍卫和坚持走中国特色社会主义道路，在此基础上提出新"三步走"战略，将现代化的目标确定为到21世纪中叶基本实现现代化、建成富强民主文明的社会主义国家。在党的十五大报告中，江泽民同志指出："展望下世纪，我们的目标是，第一个十年实现国民生产总值比二〇〇〇年翻一番，使人民的小康生活更加宽裕，形成比较完善的社会主义市场经济体制；再经过十年的努力，到建党一百年时，使国民经济更加发展，各项制度更加完善；到世纪中叶建国一百年时，基本实现现代化，建成富强民主文明的社会主义国家。正如邓小平同志所说：'现在，我们国内条件具备，国际环境有利，再加上发挥社会主义制度能够集中力量办大事的优势，在今后的现代化建设长过程中，出现若干个发展速度比较快、效益比较好的阶段，是必要的，也是能够办到的。我们就是要有这个雄心壮志！'"①与之相适应，1997年12月，在江泽民同志主持下，中央军委确立了国防和军队现代化建设跨世纪发展"三步走"的战略构想，争取到21世纪中叶，基本实现国防和军队现代化。"第一步，从现在起到二〇一〇年，用十几年时间，努力实现新时期军事战略方针提出的各项要求，为国防和军队现代化打下坚实基础……第二步，二十一世纪的第二个十年，随着国家经济实力的增长和军费的相应增加，加快我军质量建设的步伐，适当加大发展高技术武器装备的力度，完善武器装备体系，全面提高部队素质，进一步优化体制编制，使国防和军队现代化建设有一个较大发展。第三步，再经过三十年的努力，到二十一世纪中叶，实现国防和军队现代化。"②在这一历史时期，江泽民同志

---

① 《江泽民文选》第二卷，人民出版社，2006，第4页。
② 《江泽民文选》第二卷，人民出版社，2006，第83—84页。

不断探索社会主义现代化的一些新问题,归结起来主要有:(1)"提高我国的现代化水平,解决农民就业和增收问题,必须调整农村的就业结构和产业结构,走工业化、城市化的路子,把农村人口尽可能多地转移出来。这是世界各国走向现代化的共同规律,是一个大方向。我们也必须坚定不移地走这条路。"①(2)"继续推进现代化建设,完成祖国统一,维护世界和平与促进共同发展,是我们党和国家进入新世纪必须抓好的三大任务。"②在这三大任务中,现代化建设是核心,到21世纪中叶基本实现现代化是我们的总目标。(3)实现现代化就要推动平等的经济全球化。经济全球化是随同社会生产力发展而产生的一种客观趋势,我们需要世界各国平等的经济全球化,少数国家的富裕不应也不能建立在广大南方国家的贫困之上,我们需要世界各国公平的经济全球化,世界的贫富差距应逐步缩小,而不是不断扩大,否则人类将为此付出沉重的代价。经过这一系列探索,到2002年党的十六大,关于中国现代化的目标、任务更加清晰。江泽民同志指出:"综观全局,二十一世纪头二十年,对我国来说,是一个必须紧紧抓住并且可以大有作为的重要战略机遇期。根据十五大提出的到二〇一〇年、建党一百年和新中国成立一百年的发展目标,我们要在本世纪头二十年,集中力量,全面建设惠及十几亿人口的更高水平的小康社会,使经济更加发展、民主更加健全、科教更加进步、文化更加繁荣、社会更加和谐、人民生活更加殷实。这是实现现代化建设第三步战略目标必经的承上启下的发展阶段,也是完善社会主义市场经济体制和扩大对外开放的关键阶段。经过这个阶段的建设,再继续奋斗几十年,到本世纪中叶基本

---

① 《江泽民文选》第三卷,人民出版社,2006,第407页。
② 《江泽民文选》第三卷,人民出版社,2006,第139页。

实现现代化,把我国建成富强民主文明的社会主义国家。"①

进入新世纪新阶段,伴随着中国特色社会主义事业的发展,我们党对中国式现代化的认识不断深化,党的十七大提出"建设富强民主文明和谐的社会主义现代化国家"②的总目标,这标志着党对中国式现代化的探索进入了新阶段。党的十七大报告为全面建成小康社会进一步明确了方向与目标,也为进一步实现现代化提供了基础。胡锦涛同志提出了几个方面的思想:(1)现代化进入新世纪新阶段后,出现了新的阶段性特征。他指出:"进入新世纪新阶段,我国发展呈现一系列新的阶段性特征,主要是:经济实力显著增强,同时生产力水平总体上还不高,自主创新能力还不强,长期形成的结构性矛盾和粗放型增长方式尚未根本改变;社会主义市场经济体制初步建立,同时影响发展的体制机制障碍依然存在,改革攻坚面临深层次矛盾和问题;人民生活总体上达到小康水平,同时收入分配差距拉大趋势还未根本扭转,城乡贫困人口和低收入人口还有相当数量,统筹兼顾各方面利益难度加大;协调发展取得显著成绩,同时农业基础薄弱、农村发展滞后的局面尚未改变,缩小城乡、区域发展差距和促进经济社会协调发展任务艰巨;社会主义民主政治不断发展、依法治国基本方略扎实贯彻,同时民主法制建设与扩大人民民主和经济社会发展的要求还不完全适应,政治体制改革需要继续深化;社会主义文化更加繁荣,同时人民精神文化需求日趋旺盛,人们思想活动的独立性、选择性、多变性、差异性明显增强,对发展社会主义先进文化提出了更高要求;社会活力显著增强,同时社会结构、社会组织形式、社会利益格局发生深刻变化,社会建设和管理面

---

① 《江泽民文选》第三卷,人民出版社,2006,第542—543页。
② 《胡锦涛文选》第二卷,人民出版社,2016,第620页。

临诸多新课题;对外开放日益扩大,同时面临的国际竞争日趋激烈,发达国家在经济科技上占优势的压力长期存在,可以预见和难以预见的风险增多,统筹国内发展和对外开放要求更高。"①(2)实现全面建成小康社会的目标,为现代化提供重要基础。"我们已经朝着十六大确立的全面建设小康社会的目标迈出了坚实步伐,今后要继续努力奋斗,确保到二〇二〇年实现全面建成小康社会的奋斗目标。"②"到二〇二〇年全面建设小康社会目标实现之时,我们这个历史悠久的文明古国和发展中社会主义大国,将成为工业化基本实现、综合国力显著增强、国内市场总体规模位居世界前列的国家,成为人民富裕程度普遍提高、生活质量明显改善、生态环境良好的国家,成为人民享有更加充分民主权利、具有更高文明素质和精神追求的国家,成为各方面制度更加完善、社会更加充满活力而又安定团结的国家,成为对外更加开放、更加具有亲和力、为人类文明作出更大贡献的国家。"③胡锦涛同志在其担任总书记的十年中丰富和发展了对现代化的认识:(1)提出构建社会主义和谐社会,把它作为推动我国改革开放和现代化建设的重要内容,丰富了对于现代化的认识。胡锦涛同志指出:"我们党提出构建社会主义和谐社会,符合马克思主义基本原理,符合马克思主义关于社会主义社会的科学设想。我们党在社会主义社会建设理论和实践上取得的新进展,既是对党执政经验的总结,也是对国外一些执政党执政经验教训的借鉴;既是对我国社会主义建设规律认识的深化,也是对共产党执政规律、社会主义建设规律、人类社会发展规律认识的深化;既是对中

---

① 《胡锦涛文选》第二卷,人民出版社,2016,第 622—623 页。
② 《胡锦涛文选》第二卷,人民出版社,2016,第 627 页。
③ 《胡锦涛文选》第二卷,人民出版社,2016,第 628—629 页。

国特色社会主义理论的丰富和发展,也是对马克思主义关于社会主义社会建设理论的丰富和发展。"①(2)走中国特色城镇化道路。胡锦涛同志十分强调促进城镇化健康发展对我国现代化建设的重要意义。他指出:"城镇化是经济社会发展的必然趋势,也是工业化、现代化的重要标志。我国正处在城镇化发展的关键时期。"②(3)走中国特色农业现代化道路。2009年1月,在主持十七届中央政治局第十一次集体学习时,胡锦涛同志指出:"走中国特色农业现代化道路,是顺应世界农业发展普遍规律、立足我国国情的必然选择,是统筹城乡发展、协调推进工业化和城镇化的必然要求,是建设社会主义新农村、促进农业可持续发展的必由之路。"③(4)不断探索现代化的规律。2009年9月9日上午,十七届中央政治局就新中国成立以来对社会主义现代化的认识和实践进行了第十六次集体学习,学习聚焦新中国成立60年我们党对社会主义现代化的探索。在主持学习时,胡锦涛同志指出:"要坚持解放思想、实事求是、与时俱进,着力探索和把握我国社会主义现代化规律。我国社会主义现代化建设是在我国具体国情的基础上和时代发展的条件下进行的,这就要求我们既要深刻认识和把握现代化的一般规律和社会主义现代化的普遍规律,又要深刻认识和把握我国社会主义现代化的特殊规律。我们必须坚持党的思想路线,发扬求真务实精神,继续从我国实际出发,坚持不懈地探索和把握我国社会主义现代化规律,不断创造性地研究和解决改革开放和社会主义现代化建设中的重

---

① 《胡锦涛文选》第二卷,人民出版社,2016,第284—285页。
② 《胡锦涛文选》第二卷,人民出版社,2016,第357页。
③ 中共中央组织部党建研究所编《党的建设大事记(十七大—十八大)》,党建读物出版社,2013,第106页。

大理论和实践问题。"①(5)强调现代化就是不断革故鼎新。2006年4月,胡锦涛同志在耶鲁大学演讲时说:"中华文明历来注重自强不息,不断革故鼎新。'天行健,君子以自强不息',这是中国的一句千年传世格言。中华民族所以能在五千多年的历史进程中生生不息、发展壮大,历经挫折而不屈,屡遭坎坷而不馁,靠的就是这样一种发愤图强、坚忍不拔、与时俱进的精神。"②早在4000多年之前,中国的炎帝就发明了市场交易制度,使民知贸易。《周易·系辞下》讲:"神农氏作……日中为市,致天下之民,聚天下之货,交易而退,各得其所。"③唐代的司马贞《史记补·三皇本纪》讲:炎帝"教人日中为市,交易而退,各得其所"④。立日市的记载说明了炎帝始创了交易制度。相传随着氏族的发展兴旺,人们开始拿自己多余的东西去换所需要的东西,逐渐有了交换。但往往拿石器的人想换麻布,带麻布的人却不需要石器,交换不成只好背着笨重的东西来回白跑。炎帝便想寻找一种"人人都需要之物"以便于交换。他发现小米很抢手,人人皆吃饭,他便引导人们以物换物,先把物品换成小米,再用小米换取自己的需要物,从而形成以"小米"作为一般等价物的交换惯例。可以说,中国式现代化就是这样一条革故鼎新的道路。

五、中国特色社会主义新时代的探索

党的十八大以来,以习近平同志为核心的党中央在决战决胜脱贫攻坚、全面建成小康社会的基础上,聚焦第二个百年奋斗目标即

---

① 《继续探索把握社会主义现代化规律 更好把社会主义现代化推向前进》,《光明日报》2009年9月10日,第01版。
② 《胡锦涛文选》第二卷,人民出版社,2016,第438页。
③ 蔡方鹿:《中华道统思想发展史》,人民出版社,2019,第60页。
④ 王德蓉等主编《炎帝与中华文化》,人民出版社,1994,第72页。

如何全面建设社会主义现代化国家这一重大问题,提出一系列新理念新思想新战略,极大地丰富了中国式现代化的新内涵。

(一)顺利完成全面建成小康社会的宏伟大业,为中国式现代化的实现奠定了重要基础

在庆祝中国共产党成立100周年大会上的讲话中,习近平总书记向世界宣告:"在中华大地上全面建成了小康社会,历史性地解决了绝对贫困问题,正在意气风发向着全面建成社会主义现代化强国的第二个百年奋斗目标迈进。"[1]党的十八大以来,习近平总书记围绕着全面建成小康社会发表了一系列重要论述。2021年2月25日,在全国脱贫攻坚总结表彰大会上的讲话中,习近平总书记深情地回顾说:"2012年年底,党的十八大召开后不久,党中央就突出强调,'小康不小康,关键看老乡,关键在贫困的老乡能不能脱贫',承诺'决不能落下一个贫困地区、一个贫困群众',拉开了新时代脱贫攻坚的序幕。2013年,党中央提出精准扶贫理念,创新扶贫工作机制。2015年,党中央召开扶贫开发工作会议,提出实现脱贫攻坚目标的总体要求,实行扶持对象、项目安排、资金使用、措施到户、因村派人、脱贫成效'六个精准',实行发展生产、易地搬迁、生态补偿、发展教育、社会保障兜底'五个一批',发出打赢脱贫攻坚战的总攻令。2017年,党的十九大把精准脱贫作为三大攻坚战之一进行全面部署,锚定全面建成小康社会目标,聚力攻克深度贫困堡垒,决战决胜脱贫攻坚。2020年,为有力应对新冠肺炎疫情和特大洪涝灾情带来的影响,党中央要求全党全国以更大的决心、更强的力度,做好

---

[1] 习近平:《在庆祝中国共产党成立100周年大会上的讲话》,人民出版社,2021,第2页。

'加试题'、打好收官战,信心百倍向着脱贫攻坚的最后胜利进军。"①2013年12月23日,习近平总书记在中央农村工作会议上的讲话中强调,"小康不小康,关键看老乡"②;"农村还是全面建成小康社会的短板"③。2015年2月13日,习近平总书记在陕西延安主持召开陕甘宁革命老区脱贫致富座谈会时讲话强调,确保老区人民同全国人民一道进入全面小康社会。此后,习近平总书记于2015年在贵阳召开部分省区市扶贫攻坚与"十三五"时期经济社会发展座谈会、2016年在银川召开东西部扶贫协作座谈会、2017年在太原召开深度贫困地区脱贫攻坚座谈会、2018年在成都召开打好精准脱贫攻坚战座谈会、2019年在重庆召开解决"两不愁三保障"突出问题座谈会、2020年在北京召开决战决胜脱贫攻坚座谈会。到2021年2月,习近平总书记先后50多次调研扶贫工作,走遍14个集中连片特困地区,了解真扶贫、扶真贫、脱真贫的实际情况。这为全面建成小康社会打下了思想与战略基础。2015年10月26日—29日,党的十八届五中全会召开。全会指出,"十三五"时期是全面建成小康社会决胜阶段。全会通过了《中共中央关于制定国民经济和社会发展第十三个五年规划的建议》,对全面建成小康社会提出新的目标要求,把农村贫困人口脱贫作为全面建成小康社会的基本标志,强调实施精准扶贫、精准脱贫,确保我国现行标准下农村贫困人口实现脱贫、贫困县全部摘帽、解决区域性整体贫困。

---

① 习近平:《在全国脱贫攻坚总结表彰大会上的讲话》,《人民日报》2021年2月26日,第02版。
② 《中央农村工作会议在北京举行 习近平、李克强作重要讲话》,《人民日报》2013年12月25日,第01版。
③ 《中央农村工作会议在北京举行 习近平、李克强作重要讲话》,《人民日报》2013年12月25日,第01版。

在这一过程中,党和政府立足我国国情,把握减贫规律,出台一系列超常规政策举措,构建了一整套行之有效的政策体系、工作体系、制度体系,走出了一条中国特色减贫道路,形成了中国特色反贫困理论。这些重要经验和认识,是我国脱贫攻坚的理论结晶,是马克思主义反贫困理论中国化最新成果,更为我们实现现代化提供了丰富的经验。例如,"上下同心、尽锐出战、精准务实、开拓创新、攻坚克难、不负人民"的脱贫攻坚精神是中国共产党性质宗旨、中国人民意志品质、中华民族精神的生动写照,是爱国主义、集体主义、社会主义思想的集中体现,是中国精神、中国价值、中国力量的充分彰显,是实现现代化的强大精神力量;坚持把解决好"三农"问题作为全党工作的重中之重,坚持农业农村优先发展,走中国特色社会主义乡村振兴道路,持续缩小城乡区域发展差距,让低收入人口和欠发达地区共享发展成果,加快农业农村现代化步伐,在现代化进程中不掉队、赶上来。

(二)制定中国式现代化的发展蓝图以及行动纲领

早在2014年,习近平总书记就提出了建成小康社会之后的路该怎么走的问题。党的十九大在综合分析国际国内形势和我国发展条件的基础上,提出新"两步走"的战略设计,明确了在本世纪中叶建成社会主义现代化强国的发展目标。大会确定决胜全面建成小康社会、开启全面建设社会主义现代化国家新征程的目标,从2020年到本世纪中叶可以分两个阶段来安排:第一个阶段,从2020年到2035年,在全面建成小康社会的基础上,再奋斗15年,基本实现社会主义现代化。第二个阶段,从2035年到本世纪中叶,在基本实现现代化的基础上,再奋斗15年,把我国建成富强民主文明和谐美丽的社会主义现代化强国。这一战略设计和发展目标,进一步深化和拓展了中国式现代化的内涵,适应了未来中国现代化建设的发展态势,使得我国现代化建设目标的指向性更加明确。此外,党的十九届五中全会通过的《中共中央关于制定国民经济和社会发展第十四个五年规划和二〇三五年远景目标的建议》明确提出到2035年基本实现现代化的远景目标,这就是:"我国经济实力、科技实力、综合国力将大幅跃升,经济总量和城乡居民人均收入将再迈上新的大台阶,关键核心技术实现重大突破,进入创新型国家前列;基本实现新型工业化、信息化、城镇化、农业现代化,建成现代化经济体系;基本实现国家治理体系和治理能力现代化,人民平等参与、平等发展权利得到充分保障,基本建成法治国家、法治政府、法治社会;建成文化强国、教育强国、人才强国、体育强国、健康中国,国民素质和社会文明程度达到新高度,国家文化软实力显著增强;广泛形成绿色生产生活方式,碳排放达峰后稳中有降,生态环境根本好转,美丽中国建设目标基本实现;形成对外开放新格局,参与国际经济合作和竞争新优势明显增强;人均国内生产总值达到中等发达国家水平,中等收入群体显著扩大,基本公共服务实现均等化,城乡区域发展差距和居民生活水平差距显著缩小;平安中国建设达到更高水平,基本实现国防和军队现代化;人民生活更加美好,人的全面发展、全体人民共同富裕取得更为明显的实质性进展。"[①]这个目标不仅大大拓展了十九大对于2035年目标的要求,而且与2049年目标紧密衔接,体现了我们党对于现代化道路的认识更加深入。

(三)推进国家治理体系和治理能力现代化

党的十八届三中全会明确提出"国家治理体系和治理能力现代

[①] 《中共十九届五中全会在京举行》,《人民日报》2020年10月30日,第01版。

化"这一新命题,不断丰富了现代化的内涵和外延。十九届四中全会从党和国家事业发展的全局出发,对国家制度和国家治理体系现代化作出了全面部署、提出了明确要求,为中国式现代化的持续推进奠定了重要的制度基础。

中国式现代化首先要以国家治理体系现代化为重要基础。习近平总书记指出:"国家治理体系和治理能力是一个国家制度和制度执行能力的集中体现。国家治理体系是在党领导下管理国家的制度体系,包括经济、政治、文化、社会、生态文明和党的建设等各领域体制机制、法律法规安排,也就是一整套紧密相连、相互协调的国家制度"[①]。这一阐述包含三方面含义:其一,国家治理体系是制度体系,是由制度支撑起来的系统化的体系,既有根本制度,也有基本制度、重要制度,还有具体制度;其二,国家治理体系包含使社会生活方方面面能够自如运转的体制机制,治理体系是涵盖各个领域的,是全面的、整体的;其三,国家治理体系是法治化的体系,它以法治为基础。国家治理体系现代化没有现成的模式,从理论上讲,它意味着:其一,国家治理体系是公共治理体系。国家治理的制度架构是符合时代潮流的,现代化的政治制度必定是公共政治,是绝大多数人民掌握政治权力的政治,而任何形态的家族政治无论多么有效都是非现代化的治理制度。其二,国家治理体系是可持续的治理体系,其领导层和领导人权力更替是有制度保障的,是平稳有序进行的。其三,国家治理体系是效能性治理体系,其组织架构是有效率的,是能够及时发现和解决面临的主要问题的,包括重大突发事件,像2020年年初以来暴发的新冠肺炎疫情。其四,国家治理体系

---

① 习近平:《切实把思想统一到党的十八届三中全会精神上来》,《求是》2014年第1期。

是廉洁性治理体系,国家治理的成本相对较低,能够实现政治清明、政府清正、干部清廉。

中国式现代化离不开治理能力现代化。"国家治理能力则是运用国家制度管理社会各方面事务的能力,包括改革发展稳定、内政外交国防、治党治国治军等各个方面。"[①]这一阐述包含丰富的含义:其一,国家治理能力是制度化能力,是以现代化制度为基础而体现出来的能力,既不是个人型的能力,也不是传统习俗的能力。其二,国家治理能力是综合性能力,是多方面能力的集成。它聚合了多方面的能力,涉及改革发展稳定、内政外交国防、治党治国治军等国家事务的所有方面。其三,国家治理能力是集成能力。这是一种整体性能力,不是单领域的能力,是能够去除制度污染、制度负面性、制度杂音、制度纠缠的能力。制度污染指的是制度被利益集团所操控,制度已经成为为少数人谋利益的制度;制度负面性指的是制度在发挥积极作用的同时,也会不断衍生出其消极影响;制度杂音指的是有的部门对制度和规则不愿意遵守而释放出的一种论调;制度纠缠指的是制度之间相互抵消,相互限制,使制度效力下降。国家治理能力现代化意味着:能够娴熟地运用国家制度,使制度优势不断转化为治理效能,至少制度优势中主要的潜在能力都被转化出来;能够使各个治理主体到位不越位、有为不乱为,形成"四有状态"——市场主体竞争有序,调控主体主动有度,社会主体积极有位,个人主体创业有利;能够充分调动社会各种力量,使各种力量都能充分发挥自身的能力,形成让一切劳动、知识、技术、管理、资本、数据的活力竞相迸发和让一切创造社会财富的源泉充分涌流的局面。

---

① 习近平:《切实把思想统一到党的十八届三中全会精神上来》,《求是》2014年第1期。

第二章
中国式现代化的基本性质与独创性

论及中国式现代化就需要讨论其社会主义性质。早在1979年,印度孟买大学社会学系主任A. R. 德赛在其《重新评价"现代化"概念》一文中就明确指出,现在是学者们坦率地承认现代化过程中有两种路线的时候了,"正如彼得·沃斯利正确指出的,现代化本身不像任何其他事物,它既有采用资本主义路线的现代化,也有采用社会主义路线的现代化,它们各自具有不同的含义"①。A. R. 德赛首先指出了这两条道路具有的11个方面的共同性,包括:都需要社会动员;社会结构的变化;专业化结构区分;生存型经济转向大规模生产经济;第一产业占主导转向第二、第三产业占主导;都市化;建立大规模协调性组织;政治统治由超世俗转向现世;建立中央机构;法治化;知识与科学的作用日益凸显。同时,A. R. 德赛指出了

---

① 塞缪尔·亨廷顿等:《现代化:理论与历史经验的再探讨》,罗荣渠主编,上海译文出版社,1993,第40页。

两条路线的不同之处有以下几个方面:第一,资本主义路线的现代化把私人企业家和资本家作为整个社会结构的轴心,非资本主义路线的现代化则是将公有制作为社会的轴心。第二,资本主义路线的现代化是为市场而生产,通过自由企业之间的竞争来运作,非资本主义的社会主义路线的现代化把满足社会需要作为生产目的,按需要制定中央计划而进行生产。第三,资本主义路线的现代化将社会阶层划分为生产资料的占有者阶级与出卖劳动力的阶级、技术工人与非技术工人等;非资本主义的社会主义路线的现代化在公有制的基础上制定新的分层原则,使社会群体按照技艺进行划分;资本主义路线的现代化依靠的是优先给资本家阶级提供刺激并给予积极帮助,非资本主义的社会主义路线的现代化主要依靠生产资料公有制推动经济增长,"资本主义国家政权,无论它采取什么方式,民主的、半民主的、专制的、极权的,还是独裁的,本质上都变为维持以资本主义财产关系为基础的社会秩序的强制性机构,成为资本主义路线现代化自觉的代理人。而按非资本主义路线发展的社会,其国家政权无论属于何种政体,本质上都成为维护建立在生产资料公有制上的社会秩序的强制性机构,成为消灭资本家阶级、按非资本主义路线进行现代化的主要代理人"①;资本主义路线的现代化,把一切社会福利当作能够被购买的商品,非资本主义路线的现代化则主张一切社会福利是公民的基本权利。应该说,这种路线的区分是有一定意义的。

中国式现代化是中国特色社会主义道路在现代化领域中的具体体现,是中国特色社会主义的具体道路之一。这一道路从性质上

---

① 塞缪尔·亨廷顿等:《现代化:理论与历史经验的再探讨》,罗荣渠主编,上海译文出版社,1993,第43页。

根本不同于资本主义国家现代化的道路，它是中国共产党带领人民为世界现代化开创的一条新道路，这条道路上风光无限，风景独好。

一、中国式现代化是社会主义性质的现代化

任何一个国家的现代化道路都有自己的制度性质。西方国家的现代化道路是资本主义性质的道路，这一道路体现了资本的要求，但是损害了人民的利益。中国式现代化建立在社会主义制度基础之上，始终以社会主义为方向，以实现人民利益为中心。

（一）中国式现代化是建立在社会主义基础之上的现代化，社会主义决定了中国式现代化的性质与方向

我们党制定的2035年和2049年社会主义现代化目标都是强调现代化的社会主义性质。到2035年基本实现社会主义现代化：到那时，我国经济实力、科技实力将大幅跃升，跻身创新型国家前列；人民平等参与、平等发展权利得到充分保障，法治国家、法治政府、法治社会基本建成，各方面制度更加完善，国家治理体系和治理能力现代化基本实现；社会文明程度达到新的高度，国家文化软实力显著增强，中华文化影响更加广泛深入；人民生活更为宽裕，中等收入群体比例明显提高，城乡区域发展差距和居民生活水平差距显著缩小，基本公共服务均等化基本实现，全体人民共同富裕迈出坚实步伐；现代社会治理格局基本形成，社会充满活力又和谐有序；生态环境根本好转，美丽中国目标基本实现。这些目标处处体现着社会主义本质的要求。这个基本实现的现代化包含着多方面的社会主义性质的要求：社会主义制度更加完善，无论是党的领导这一根本领导制度、人民代表大会这一根本政治制度，还是基本政治制度和重要制度都成熟定型，其制度优势源源不断地转化为治理效能；

人民当家作主的政治地位更加巩固,全过程人民民主生机无限,人民群众享受着巨大的民主权利,在历史舞台上创造着属于自己的历史;人民生活不仅更为宽裕,人均 GDP 预计超过 2.2 万美元,而且贫富差距明显缩小,共同富裕取得实质性进展,成为使人民群众更加幸福的国家。到 2049 年建成富强民主文明和谐美丽的社会主义现代化强国:我国物质文明、政治文明、精神文明、社会文明、生态文明将全面提升,实现国家治理体系和治理能力现代化,成为综合国力和国际影响力领先的国家,全体人民共同富裕基本实现,中华民族将以更加昂扬的姿态屹立于世界民族之林。无论是 2035 年的基本实现现代化,还是 2049 年的现代化强国,社会主义性质的界定都是最根本性的,这些现代化的内容都是生发于社会主义的要求。这里的社会主义性质保证了我们现代化的方向不会是西方那种殖民掠夺的现代化,不会是一些国家被控制的现代化。

(二)社会主义现代化是以发展真实民主为基础的现代化

在 2021 年 10 月召开的中央人大工作会议上的讲话中,习近平总书记阐述了民主的一系列重大理论和实践问题,这些新观点新论断不仅极大丰富发展了马克思主义的民主政治理论,而且为人类政治文明的发展指出了新的选择。习近平总书记指出:民主不是装饰品,不是用来做摆设的,而是要用来解决人民需要解决的问题的,"一个国家民主不民主,关键在于是不是真正做到了人民当家作主,要看人民有没有投票权,更要看人民有没有广泛参与权;要看人民在选举过程中得到了什么口头许诺,更要看选举后这些承诺实现了多少;要看制度和法律规定了什么样的政治程序和政治规则,更要看这些制度和法律是不是真正得到了执行;要看权力运行规则和程序是否民主,更要看权力是否真正受到人民监督和制约。如果人民只有在投票时被唤醒、投票后就进入休眠期,只有竞选时聆听天花乱坠的口号、竞选后就毫无发言权,只有拉票时受宠、选举后就被冷落,这样的民主不是真正的民主"①。这段重要论述内涵十分丰富,为我们指明了检验真假民主的客观标准。这"四个要看更要看"就是评判民主真实性的试金石,而且是十分科学灵验的试金石。

1.要看投票权的真实性,更要看参与权的广泛性

从民主发展的历史看,有投票权而无参与权的民主不是真正的民主,是一种残缺的假民主。在这里,民主就是一种装饰品,是装饰资本主义门面的摆设品。从民主权利的行使过程看,投票权只是民主的起点,只是民主的开始,既不是终点,也不是全部。资本主义国家把民主等同于投票权,把民主的一个起始阶段当作民主的全过程,根本原因在于这是资本逻辑的要求。这个装饰门面的过程一结束,国家治理的权力就赤裸裸地由资本来行使。就像马克思在《资本论》中所言:"原来的货币占有者作为资本家,昂首前行;劳动力所有者作为他的工人,尾随于后。一个笑容满面,雄心勃勃;一个战战兢兢,畏缩不前,像在市场上出卖了自己的皮一样,只有一个前途——让人家来鞣。"②一旦投票完毕,进入生产领域,劳动者就失去了任何政治权利,等着资本家来鞣。资本家可以给大众以投票权,因为这个权利是最廉价的权利,也是最能够装饰门面的权利。资本不会给予大众以广泛的实质性参与权,因为参与权特别是生产领域的参与权是与资本逻辑相冲突的,它会影响到资本对于劳动的

---

① 《坚持和完善人民代表大会制度　不断发展全过程人民民主》,《人民日报》2021年10月15日,第01版。
② 中共中央马克思恩格斯列宁斯大林著作编译局编译《马克思恩格斯文集》第五卷,人民出版社,2009,第205页。

剥削，会影响到对剩余价值的榨取。资本给予大众一张选票，在选票上画个钩或者叉，或者什么也不画，然后就投入票箱，民主过程就终结了。在这里，不是选票投进了票箱，而是大众的民主权利被锁入了票箱。可以说，由于资本的逻辑力量，资本家可以玩弄各种所谓"民主、自由、人权"的把戏，但就是不可能给予民众真正的民主权利。

与之相反，中国的社会主义民主是真实的，不是民主的装饰品，而是民主的大众共享品。社会主义民主给予大众以最广泛真实的投票权。这种投票既不会受资本力量的影响，也不会受阶级阶层和社会群体的影响；既不会受宗法家族势力的影响，也不会受舆论的影响，是一种平等公正的投票权。每一个公民充分行使宪法赋予的投票权。在投票结束后，民主并没有结束，而是刚刚开始。在这一基础上，人民群众获得了广泛真实的管理权、决策权、协商权和监督权。正如习近平总书记所言："人民代表大会制度是实现我国全过程人民民主的重要制度载体。"[①]"要保证人民依法行使选举权利，民主选举产生人大代表，保证人民的知情权、参与权、表达权、监督权落实到人大工作各方面各环节全过程，确保党和国家在决策、执行、监督落实各个环节都能听到来自人民的声音。"[②]在农村，广大农民充分行使自己的民主权利。这既体现在农民日常生活中，也体现在重大事项的制订过程中。例如，体现在对"农村土地所有权承包权经营权分置"的管理上。2016年，中共中央办公厅、国务院办

---

① 《坚持和完善人民代表大会制度　不断发展全过程人民民主》，《人民日报》2021年10月15日，第01版。

② 《坚持和完善人民代表大会制度　不断发展全过程人民民主》，《人民日报》2021年10月15日，第01版。

公厅印发了《关于完善农村土地所有权承包权经营权分置办法的意见》,指出:要充分维护农民集体对承包地发包、调整、监督、收回等各项权能,发挥土地集体所有的优势和作用,切实保障集体成员的知情权、决策权、监督权,确保农民集体有效行使集体土地所有权。在国有企业,我们强调要健全以职工代表大会为基本形式的民主管理制度,推进厂务公开、业务公开,落实职工群众知情权、参与权、表达权、监督权,企业在重大决策上要听取职工意见,涉及职工切身利益的重大问题必须经过职代会审议,充分调动工人阶级的积极性、主动性、创造性。

2.要看选举中的口头许诺,更要看选举后承诺的实现

有许诺无行动的不是真民主,而是假民主,是民主的赝品,是一种迷惑人民、以假乱真的民主伪作。在资本家看来,只要许诺了,就是真实的民主,把许诺的东西当作已经实现的东西。每当投票选举时,漫天的许诺,布满大街小巷的竞选标语和口号让人们感觉到似乎许诺变成了真实。在选举中,各种许诺的幻象被很多人当成了真实。如果我们去看一看美国历史上一些竞选承诺,就知道这些承诺的成色是多么低下。1928年胡佛在其美国总统竞选辞中称:他会使家家锅里有一只鸡,家家有一辆车。但他的诺言被1929年的经济大危机无情地粉碎了,美国经济崩溃了,民众遭受了前所未有的灾难。唐纳德·特朗普2016年在竞选总统时做出了多项承诺,如今他下台了,那他当初的承诺又兑现了多少?他承诺重建基础设施,发誓要在该国的公路、铁路和机场上花费大笔资金,但鲜有行动的迹象。他的那些损害全世界人民利益的所谓"美国优先"的承诺倒是有些变成了现实。有统计表明,高达83%的选民觉得美国总统未能兑现诺言,"政客"在美国生活中也几乎成了"骗子"的代名

词。不过如果有数字说话，政客可能没有这么糟糕。美国有政治学者统计，自1968年到2004年这36年间，总统许下的诺言平均兑现率为67%。

这种在墙上给人民大众画出无数大饼、馅饼的空头诺言在西方民主中比比皆是。资本总是用没完没了的承诺来迷惑人民。这种许诺是最廉价的东西，又不需要真正兑现。这种诺言是不是能够实现、有没有必要兑现，既没有人来监督，也因为多党制变成了一纸空文。甲党刚刚做出承诺，就被选举下去了；乙党一上台就做出更多承诺，可是不久它又被丙党代替了。美国黑人民权领袖马丁·路德·金1964年在《我有一个梦想》的演讲中说："我们共和国的缔造者在拟写宪法和《独立宣言》的辉煌篇章时，就签署了一张每一个美国人都能继承的期票。这张期票向所有人承诺——不论白人还是黑人——都享有不可让渡的生存权、自由权和追求幸福权。然而，今天美国显然对她的有色公民拖欠着这张期票。美国没有承兑这笔神圣的债务，而是开始给黑人一张空头支票——一张盖着'资金不足'的印戳被退回的支票。"[1]尽管这张支票在今天似乎有了一点儿成色，但依然是"资金不足"，而且是严重不足。

中国特色社会主义民主不仅重视承诺，更加重视承诺的实现。我们党领导人民当家作主，特别重视对人民的承诺以及这些承诺的实现。改革开放以来，我们党致力于实现人民的小康生活。习近平总书记在党的十八大以来一直强调：到建党100周年时全面建成小康社会，是我们党向人民、向历史作出的庄严承诺。在庆祝中国共产党成立100周年大会上，习近平总书记庄严宣告："经过全党全国

---

[1] 爱默生、海明威、梭罗等：《总有一个念想，推着我们向前》，方圊译，北京时代华文书局，2016，第38页。

各族人民持续奋斗,我们实现了第一个百年奋斗目标,在中华大地上全面建成了小康社会,历史性地解决了绝对贫困问题,正在意气风发向着全面建成社会主义现代化强国的第二个百年奋斗目标迈进。"[①]党对人民作出满足人民日益增长的物质文化的需要……这个承诺也已经实现了。我们党始终坚持在发展中保障和改善民生,全面推进幼有所育、学有所教、劳有所得、病有所医、老有所养、住有所居、弱有所扶,不断改善人民生活、增进人民福祉。可以说,党对人民作出的每一个承诺都得到了充分实现。不仅如此,我们党推进社会主义民主政治建设,以人民代表大会制度为基础来实现对人民的承诺。人民代表大会制度这一我国的根本政治制度,是符合我国国情和实际、体现社会主义国家性质、保证人民当家作主、保障实现中华民族伟大复兴的好制度,更是不断向人民承诺又不断实现这些承诺的根本政治制度。在这一好制度的基础上,各级人民政府提出各种承诺又不断实现承诺,实现着人民对美好生活的追求。看一看每年国务院总理向"两会"所作的政府工作报告,就知道我们党作出的承诺基本上都实现了。

3.要看政治程序和规则性,更要看制度和法律的执行性

制度和法律规定了很多的政治程序和政治规则,但制度和法律规定的这些政治程序和政治规则在现实生活中并没有得到真正的执行,就是一种假民主,是民主的残次品。几百年来,西方在制度和法律上制定了难以胜记的政治程序与规则,但这些程序与规则是以资本为轴心展开的。很多程序与规则表面上是为大众的,但这些冠冕堂皇的东西基本上是不可能实现的。宪法上的严谨、法律上的规

---

① 习近平:《在庆祝中国共产党成立100周年大会上的讲话》,人民出版社,2021,第2页。

定、文件上的话语、制度上的安排,往往被资本家挂在墙上,难以变成活生生的现实。马克思在《路易·波拿巴的雾月十八日》一文中指出:"1848年各种自由的必然总汇,人身、新闻出版、言论、结社、集会、教育和宗教等自由,都穿上宪法制服而成为不可侵犯的了。"① 这些自由中的每一种都被宣布为法国公民的绝对权利,然而总是加上一个附带条件,说明它只有在不受"他人的同等权利和公共安全"或"法律"限制时才是无限制的,"结果,资产阶级可以不受其他阶级的同等权利的任何妨碍而享受这些自由"②,"宪法的每一条本身都包含有自己的对立面,包含有自己的上院和下院:在一般词句中标榜自由,在附带条件中废除自由"③。不仅如此,西方资本主义国家还制定了很多约束广大人民群众行使自身民主权利的程序与规则。你说结社自由,但你不能组织和加入共产党。1919年8、9月间,美国两个共产主义政党——美国共产党和共产主义工党刚刚成立,美国统治集团就迫不及待地对之进行镇压。1920年1月2日,美国司法部在全国70个城市进行了大规模的突袭,逮捕了约1万名共产党员和进步人士,企图把共产党人一网打尽。当代美国政治中,美共仍然属于被限制、打压的对象。很多州都规定不允许以共产党员身份进入地方州市议会甚至国会当议员,美国加州法律明确规定:"不允许共产党员成为政府工作人员。"你说有罢工自由,但是很多的企业规定,你如果参加了罢工,你的很多权利就会受

---

① 中共中央马克思恩格斯列宁斯大林著作编译局编译《马克思恩格斯文集》第二卷,人民出版社,2009,第483页。
② 中共中央马克思恩格斯列宁斯大林著作编译局编译《马克思恩格斯文集》第二卷,人民出版社,2009,第484页。
③ 中共中央马克思恩格斯列宁斯大林著作编译局编译《马克思恩格斯文集》第二卷,人民出版社,2009,第484页。

到损害,诸如你的社会保障、你的健康医疗权益都有可能被剥夺。比如2006年4月17日美国纽约州最高法院作出判决,要求美国运输工人工会缴纳250万美元罚款,以惩罚其组织非法罢工、导致公共运输系统瘫痪的行为。

中国特色社会主义民主重视政治程序和规则,更重视制度和法律的执行。在法律和制度制定政治程序和政治规则方面,我们党和国家是十分重视的。为了规范党内法规制定工作,提高党内法规质量,我们党制定了《中国共产党党内法规制定条例》;为了保障党员权利的正常行使和不受侵犯,我们党制定了《中国共产党党员权利保障条例》;等等,这些程序性和规则性的法规是很完整的。同时,我们党强调这些党内法规的实施。对于有侵犯党员权利行为的党员,其所在党组织或者上级党组织可以采取责令停止侵权行为、责令赔礼道歉、责令作出检查、诫勉谈话、通报批评等方式给予处理;情节较重的,按照规定给予党纪处分。在国家制度和法律方面,程序性和规则性的内容也越来越多。从经济合同签订、公司设立,到收养送养儿童、未成年人保护,再到居民缴纳物业费、处理离婚或者继承,无论是重大纠纷,还是微小摩擦,几乎所有民事活动的权利、依法行使的程序和规则都能在《中华人民共和国民法典》中找到明确依据。《中华人民共和国各级人民代表大会常务委员会监督法》共九章四十八条,全面系统地对全国人大和地方各级人大常委会监督工作的基本原则、主要内容、监督形式和具体程序等问题做了明确规定。全国人大常委会依据相关法律规定的程序和规则对法律实施进行监督检查,有效保证了人民民主权利的实现。中国特色社会主义民主政治特别强调健全全面、广泛、有机衔接的人民当家作主制度体系,构建多样、畅通、有序的民主渠道,丰富民主形式,从各层次各领域扩大人民有序政治参与,使各方面制度和国家治理更好体现人民意志、保障人民权益、激发人民创造,还强调全面依法治国必须把体现人民利益、反映人民愿望、维护人民权益、增进人民福祉落实到全面依法治国各领域全过程,保障和促进社会公平正义,努力让人民群众在每一项法律制度、每一个执法决定、每一宗司法案件中都感受到公平正义。

4. 要看权力运行规则和程序的民主性,更要看权力的人民制约性

权力运行有规则和程序,但不受人民监督和制约,民主就是假民主,是民主的特供品。这种民主实际上只是供给少数人享用的,不是广大人民群众共享的。几百年来,资本主义社会为权力运行制定了无数的规则和程序。在议会选举中,在政党竞选中,在议会会议中,都有数不清的规则和程序,这些规则和程序不胜枚举。例如,美国参议院既有 60 票规则,也有所谓的"拉布规则"(filibuster)。据统计,美国建国 240 多年来,拉布规则使用过 160 多次。这些规则的使用一方面是不受人民群众监督的,另一方面也不是为了实现大众的利益。1957 年,美国南卡罗来纳州议员瑟蒙德自己一个人在议会讲了 24 个小时,就是为了阻止一项民权法案付诸表决。美国 2020 年大选后,两党分别力推选举改革法案。得克萨斯州众议院 2021 年 7 月中旬原定表决一项由共和党推动的限制投票权法案,但逾 50 名民主党议员 12 日集体"出逃",乘包机前往华盛顿,希望表决因不足法定人数而流会。州众议院其余议员 13 日以 76 票比 4 票通过一项决议,授权州执法人员寻找并拘捕缺席议员。这些议员能够代表人民吗?他们只代表自己。其实,19 世纪法国最知名的思想家之一弗朗索瓦·基佐在 200 年前写的《欧洲代议制政府的历史起源》一书中就讲道:"从来没有人真正明白,人民统治权意味着,在考虑了所有的主张和意愿后,大多数人的主张和意愿形成了法律,但少数人有权不遵守与自己的意见和意愿相违背的决定。"①基佐道出了资本主义民主的实质,那就是资本制订游戏规则,资本以这些规则来游戏民众,而人民群众是无法影响这些规则的。

在当代中国,权力运行是有很多民主规则和程序的,同时又使权力受到人民群众的严格监督和有效制约。在党内,"一把手"权力受到严格监督。2021年3月《中共中央关于加强对"一把手"和领导班子监督的意见》出台,明确指出:"一把手"被赋予重要权力,担负着管党治党重要政治责任,必须以强有力的监督促使其做到位高不擅权、权重不谋私。党委(党组)、纪检机关、党的工作机关要突出对"一把手"的监督,将"一把手"作为开展日常监督、专项督查等的重点,让"一把手"时刻感受到用权受监督。在国家制度层面上,人民通过人民代表大会行使国家权力,保证各级人大都由民主选举产生、对人民负责、受人民监督,保证各级国家机关都由人大产生、对人大负责、受人大监督。这种监督是全面的、真实的。中国共产党领导的多党合作和政治协商制度是新型政党制度,加强中国特色社会主义政党制度建设,健全相互监督特别是中国共产党自觉接受监督、对重大决策部署贯彻落实情况实施专项监督等机制,完善民主党派中央直接向中共中央提出建议制度,构建程序合理、环节完整的协商民主体系。

从以上分析中可以看出,习近平总书记提出的"四个要看更要看"的检验真假民主的试金石是十分灵验的。为什么灵验?因为这

---

① 弗朗索瓦·基佐:《欧洲代议制政府的历史起源》,张清津、袁淑娟译,复旦大学出版社,2008,第64页。

个标准既是总结人类民主政治发展规律提出来的具有客观现实性的标准,又是辩证分析资本主义民主的残缺性、片面性而提出来的科学结论。那种竞选时到处响彻着天花乱坠的口号、竞选后就毫无发言权的政治不是真民主;那种只有拉票时让你感觉到有权、选举后就被彻底冷落的政治不是真民主;那种在投票箱前让你感觉神圣、离开票箱后让你无限惆怅的政治不是真民主。这种选举时朴朴实实、选举后各种政治权利不断得以实现的政治是真民主;这种在选举时感觉神圣、选举后神圣权利得到切实实现的政治是真民主;这种在票箱前让你有庄严感觉、离开票箱后让你无限幸福的政治是真民主。真正的民主不是以票箱和票决为中心的,那种选票拜物教实质上是资本剥夺劳动的一种政治手段。

(三)资本主义现代化是以虚假民主为幌子的现代化

西方民主制度作出了很多许诺,这些许诺要么是空中楼阁,要么就是用来骗取人民的信任。在资本主义现代化进程中,西方学者制造大量的虚假民主故事,把资本主义现代化那种血淋淋的进程描绘得美妙无比,使人们相信其民主的普适性和田园史诗性。

一方面,西方一些政治思想家制造了很多虚假故事来使人民相信民主就是西方国家的专利,东方自古以来就是专制主义。由于这种虚假故事的存在,一些人相信,民主是西方人的文化基因,是与生俱来的;还有很多人认为,只要搞了西方的"宪政"民主,就会走上现代化的通衢大道。最典型的就是魏特夫在其《东方专制主义:对于极权力量的比较研究》一书结尾中讲到的那个故事。魏特夫的故事是这样的:"古代希腊的优秀公民从他们的两个同胞斯普提亚斯和布利斯抵抗极权力量引诱的决心中获得了力量。这两位斯巴达的使节在前往苏查的路上,遇到了一个波斯高级官员哈德伦斯,他答应只要他们归附他的专制君主——伟大的国王,就可以使他们在本国成为了不起的人物。希罗多德保存了他们对于希腊人——和对于全体自由人类——有利的回答:'哈德伦斯',他们说:'你是一个偏袒一方的顾问,你只看到事情的一面,而另一面你是无法了解的。你所了解的是一种奴隶的生活,但是你从来也没有享受过自由的滋味,你不能说出它是不是甜蜜的。哎呀,你如果知道什么是自由,你一定会叫我们不仅用长矛,而且还用战斧为自由而战斗!'"①说得特别有意思,可惜超出了那个历史时代,逻辑就显得不那么真实了。其一,这是明显的西方中心主义的表现,西方就是自由,东方就是专制。这个故事的编写者肯定不是希罗多德,而是近代西方学者或者托希罗多德而写的伪故事。其二,斯巴达本身就是奴隶制度,谈什么自由。所以,斯普提亚斯和布利斯说的那句话"你所了解的是一种奴隶的生活,但是你从来也没有享受过自由的滋味",就显得特别不真实,完全失去了其时代,仿佛是今人的对话,这从逻辑上和历史上都是很难令人信服的。为什么其对话令人难以信服?我们可以从马克思在关于亚里士多德的一段论述中得到答案。马克思在1867年出版的《资本论》第1卷中谈到过亚里士多德较早地研究了商品的价值形式。他所提及的"5张床＝1间屋"无异于"5张床＝若干货币",这既清晰地向我们表明货币形式不过是简单价值形式的进一步发展,又表明本质等同是价值通约的基础。但亚里士多德并未就此而对价值形式进行深入分析,原因不在于他本身,而在于他所处的时代是奴隶社会,这一不平等的社会无法解释一个平等社会的奥秘。马克思指出:"但是,亚里士多德没有能从价值形式本身

---

① 卡尔·A.魏特夫:《东方专制主义:对于极权力量的比较研究》,徐式谷、奚瑞森、邹如山等译,中国社会科学出版社,1989,第475页。

看出,在商品价值形式中,一切劳动都表现为等同的人类劳动,因而是同等意义的劳动,这是因为希腊社会是建立在奴隶劳动的基础上的,因而是以人们之间以及他们的劳动力之间的不平等为自然基础的。价值表现的秘密,即一切劳动由于而且只是由于都是一般人类劳动而具有的等同性和同等意义,只有在人类平等概念已经成为国民的牢固的成见的时候,才能揭示出来。而这只有在这样的社会里才有可能,在那里,商品形式成为劳动产品的一般形式,从而人们彼此作为商品占有者的关系成为占统治地位的社会关系。亚里士多德在商品的价值表现中发现了等同关系,正是在这里闪耀出他的天才的光辉。只是他所处的社会的历史限制,使他不能发现这种等同关系'实际上'是什么。"①马克思在这里实际上已经告诉我们,任何思想都不可能脱离思想所产生的历史时代。斯普提亚斯和布利斯所了解的自由也只是极少数人的自由,不是大众的自由。

另一方面,制造虚假故事,大做表面文章是资本主义社会基本矛盾在政治上的反映。资本主义社会基本矛盾是生产的社会化和生产资料私人占有之间的矛盾,这个矛盾反映在政治上就是民主发展的社会化要求和政治权力资本私人占有之间的矛盾。这个矛盾在现实生活的体现就是资本在用各种手段越来越隐形、越来越严密地控制政治权力的同时,会做一些表面文章,诸如给大众以华而不实的投票权等,让大众在投票过程中发泄一些不满,或者得到一些空洞的承诺。资本主义基本矛盾在政治上的反映所产生的一个必然结果就是表面民主与实质专断并存。德国学者鲁道夫·哈曼在1983年就曾经一针见血地指出:"例如:工业国家的经济增长在早

---

① 中共中央马克思恩格斯列宁斯大林著作编译局编译《马克思恩格斯文集》第五卷,人民出版社,2009,第75页。

期工业化阶段是以大部分人民的巨大苦难和悲惨生活为代价取得的,社会不安定则被独裁政权或极权统治所制服。在工业化早期阶段,几乎不存在民主的权力形式。"[1]所以,认为西方现代化的道路是民主的道路,是不符合历史事实的。

我们还要特别注意的是一些国家因为搞过度的民主造成国家灭亡或者迟滞现代化的现象时有发生。在现代化进程中,在国家发展中,民主的作用十分突出,但不要忘记,每一种民主都要与自己的国情相适应。历史上,因为民主而灭国的情况并不少见。17世纪、18世纪的波兰就深受这种民主之害。1505年,波兰议会通过了《1505年宪法》。宪法明确规定,波兰王国的最高权力机关由国王、参议院和众议院三部分组成,国家政权由三者共同享有,这标志着波兰国体制度从君主等级专制开始转变为贵族民主制。波兰的贵族们全心全意地相信以下原则:个人的自由、议会代表、责任、司法独立。国王或者参议院委员会所提出的改革尝试都会包括一些强化中央集权的举措,这些提议无一例外地遭到了贵族们的拒绝。他们对于君主集权几乎形成了某种强迫症式的恐惧,随之而来的,就是贵族们时刻守着他们为之骄傲的特权不放,生怕遭到任何威胁。哪怕是对他们的权利和豁免权最轻微的威胁,他们都会用上撒手锏——自由否决权。任何一名代表表达反对意见,都可以阻止议会形成决议。这一做法来自这样一个原则:所有法案要真正有效,必须所有代表形成一致意见。自由否决权的首次行使是在1652年,之后多次被行使。那些行使自由否决权的代表,往往是来自立陶宛或者乌克兰的无名之辈。他们这样做往往是出于本地大贵族或者

---

[1] 塞缪尔·亨廷顿等:《现代化:理论与历史经验的再探讨》,罗荣渠主编,上海译文出版社,1993,第280页。

外国势力的授意。这个机制的结果就是波兰被不断瓜分。"这个机制对外国势力实在太有利了,以至于1667年,勃兰登堡和瑞典同意在必要的条件下'为保卫波兰的自由'可以对波兰开战(即可以用战争手段阻止波兰人废除自由否决权),而在接下来的数百年中,波兰和所有邻国签订的条约中,都要重申实质上相同的内容。"① 于是波兰这个所谓联邦国家的内部和外部事务,大部分由俄国决定,少部分由普鲁士和奥地利做主,"这三个国家越来越将联邦国家的领土看成是无主之地。俄国在联邦国家内随意调动其驻军,仿佛是在自己的训练场上;而普鲁士和奥地利则把联邦国家看成是本国军队调动的便捷通道,在战争时期,甚至会在合适的波兰城镇建立他们的仓库和兵营"②。这种滥用的民主就是一个结果:摧毁国家的发展,甚至摧毁国家本身。

二、中国式现代化的独特创造性

中国式现代化新在哪里?新在它是人类历史上有独创性、原创性的道路,新在它是不断创造人类发展新奇迹的道路。

(一)中国式现代化是创造人间奇迹的史诗级现代化

习近平总书记指出:一百年来,中国共产党团结带领中国人民,以"为有牺牲多壮志,敢教日月换新天"的大无畏气概,书写了中华民族几千年历史上最恢宏的史诗。中国式现代化是这一史诗的继续,今后的史诗会更加恢宏,更加激荡人心。

说它是史诗级,是因为中国式现代化是在消灭了几千年封建剥

---

① 亚当·扎莫伊斯基:《波兰史》,郭大成译,中国友谊出版公司,2019,第206页。
② 亚当·扎莫伊斯基:《波兰史》,郭大成译,中国友谊出版公司,2019,第207-208页。

削压迫制度的基础上进行的。一个国家的现代化必须是从消灭封建制度开始的。到1952年年底，全国广大新解放区的土地改革基本完成。全国有3亿多无地少地的农民（包括老解放区农民在内）无偿地获得了约7亿亩土地和大量生产资料，免除了过去每年要向地主缴纳约3000万吨粮食的苛重地租，使农业生产力得到极大解放。土地改革的完成，消灭了地主阶级封建剥削的土地所有制，从根本上铲除了中国封建制度的根基，为实现现代化提供了重要的社会基础。很多国家的发展依然会被前资本主义的生产关系所缠绕、所遮蔽、所阻碍，只有消除了封建压迫制度，才能真正开启现代化的进程。

说它是史诗级，是因为中国式现代化是在实现了中国从几千年封建专制政治向人民民主的伟大飞跃的基础上进行的。没有民主，就没有社会主义，更没有社会主义现代化。发展人民民主，是实现中国式现代化的政治前提。中国式现代化是亿万人民群众在当家做主人的基础上进行的现代化。正是因为新中国建立了人民民主制度，才开启了中国式现代化的历史进程。现代化不仅是工业化、城市化，还是政治民主化。发展社会主义民主，是实现社会主义现代化的内在要求，同时也是推动经济、社会等方面现代化的重要力量。新时代，全过程人民民主的发展为中国式现代化的推进提供了强大动力。全过程人民民主将民主选举、民主决策、民主管理、民主监督彼此贯通起来，在政治生活中实实在在解决人民群众关心的事情，从而调动人民群众的首创精神，使人民群众能够自觉地投入到现代化建设的伟大事业中。

说它是史诗级，是因为中国式现代化是在实现了中华民族有史以来最为广泛而深刻的社会变革的基础上进行的。这一变革就是消灭了所有的剥削压迫制度,不仅是消灭了封建剥削压迫制度,也包括消灭了资产阶级的压迫制度。中国成了一个没有剥削也没有压迫的人民民主专政的社会主义国家。现行的《中华人民共和国宪法》明确指出:"生产资料私有制的社会主义改造已经完成,人剥削人的制度已经消灭,社会主义制度已经确立。"① 在我国,剥削阶级作为阶级已经消灭。新中国建立后,我们还在中国大地上消灭了宗法制度。在封建社会中,宗族主要以家族方式体现,家族长盛不衰的标志有祠堂、家谱、族权。家族制度长盛不衰的最主要标志是族权,族权对中国历史影响巨大,是套在中国人民脖子上的沉重枷锁。马克思说:"就像皇帝通常被尊为全国的君父一样,皇帝的每一个官吏也都在他所管辖的地区内被看作是这种父权的代表。"② 宗法制度的废除使中国建立了一个人人平等的社会,这为推进中国式现代化确立了重要的社会基础。

(二)中国式现代化是具有世界意义的现代化

说它具有世界性,是因为中国式现代化既拥有人类现代化的共同特征,又走在人类文明发展的大道上。中国式现代化遵循了人类现代化的普遍规律。任何一个国家要实现现代化,必须要实现工业化和城镇化。西方国家是这样的进程,中国同样如此。城镇化是伴随工业化发展,非农产业在城镇集聚、农村人口向城镇集中的自然历史过程,是人类社会发展的客观趋势,是国家现代化的重要标志。2014年中共中央、国务院印发的《国家新型城镇化规划(2014—

---

① 全国人民代表大会常务委员会办公厅编《中华人民共和国第十三届全国人民代表大会第一次会议文件汇编》,人民出版社,2018,第198页。
② 中共中央马克思恩格斯列宁斯大林著作编译局编译《马克思恩格斯全集》第九卷,人民出版社,1961,第110页。

2020年)》就明确指出:"工业革命以来的经济社会发展史表明,一国要成功实现现代化,在工业化发展的同时,必须注重城镇化发展。当今中国,城镇化与工业化、信息化和农业现代化同步发展,是现代化建设的核心内容,彼此相辅相成。"①当然,中国的城镇化与工业化、信息化和农业现代化是叠加发展的,不仅遵循了现代化的一般规律,而且是节约资源、保护环境、效率较高的现代化。同时,中国式现代化始终走在人类文明发展的大道上,尊重人类不同文明的特性,是在融合不同文明优势进程中的现代化。习近平总书记指出:"多样性是世界的基本特征,也是人类文明的魅力所在……倡导不同文明交流互鉴,促进人类文明发展。"②"我访问过世界上许多地方,最喜欢做的一件事情就是了解五大洲的不同文明,了解这些文明与其他文明的不同之处、独到之处,了解在这些文明中生活的人们的世界观、人生观、价值观。"③中国式现代化就是在推进文明之间的交流互鉴中发展的,不是把别的文明视作低人一等的文明,更不是想毁坏其他的文明。

说它具有世界性,是因为中国式现代化是人口规模巨大的现代化。人口规模巨大的现代化,是说一个拥有14亿多人口的国家要走向现代化。14亿多人口意味着什么?占世界人口的1/5,相当于10个俄罗斯的人口(2018年,1.44亿人),是欧盟人口的2.8倍(2020年,5.13亿人),是美国人口的4.3倍(2018年,3.27亿人)。14亿多人口这个数目约为1900年全世界的人口。仅从人口规模

---

① 中共中央文献研究室编《十八大以来重要文献选编》(上),中央文献出版社,2014,第880页。

② 习近平:《同舟共济克时艰,命运与共创未来——在博鳌亚洲论坛2021年年会开幕式上的视频主旨演讲》,人民出版社,2021,第5—6页。

③ 习近平:《习近平谈治国理政》第一卷,外文出版社,2018,第259页。

看,中国的现代化绝对就是世界级的现代化。这么巨大规模的人口,很容易会产生众多的经济发展问题,会产生超大规模的社会问题,这些问题的数量和难度往往是其他国家的一百倍甚至上千倍。可以说,中国是在解决一个又一个世界难题中走向现代化的。这种现代化的意义在于它可以为很多发展中国家提供全新的选择,从中国式现代化的发展中汲取力量。

说它具有世界性,是因为中国式现代化要实现一个世界性的国家梦也就是中国梦。2000多年来,人类一共出现过至少四个世界性的"国家梦":第一个世界性的"国家梦"就是罗马梦,就是条条道路通罗马的时代;第二个世界性的"国家梦"就是中国的长安梦,梦回大唐的时代;第三个世界性的"国家梦"就是伦敦梦,工业资本主义英国吸引了世界的眼光;第四个世界性的"国家梦"就是所谓的美国梦,美国前政要布热津斯基曾经说美国梦就是把理想主义与物质主义完美地结合在一起的梦想。当然,布热津斯基说的这种美国梦并不存在。中国式现代化要实现一个为人类和平与发展作出更大贡献的国家梦,这是实实在在的。习近平总书记指出:"中国梦意味着中国人民和中华民族的价值体认和价值追求,意味着全面建成小康社会、实现中华民族伟大复兴,意味着每一个人都能在为中国梦的奋斗中实现自己的梦想,意味着中华民族团结奋斗的最大公约数,意味着中华民族为人类和平与发展作出更大贡献的真诚意愿。"[①]我们要通过推动构建人类命运共同体,以及倡导人类共同价值等途径实现这样的梦想。

---

① 习近平:《习近平谈治国理政》第一卷,外文出版社,2018,第161页。

（三）中国式现代化是自主原创性的现代化

自主原创性体现在我们党对于现代化道路的探索上始终坚持独立自主、走自己的路。自主原创性体现在中国式现代化不是国外现代化的翻版，是带有自主原创性的现代化。习近平总书记曾经两次深刻指出："当代中国的伟大社会变革，不是简单延续我国历史文化的母版，不是简单套用马克思主义经典作家设想的模板，不是其他国家社会主义实践的再版，也不是国外现代化发展的翻版。"① 西方国家殖民性质的现代化，是我们不屑的一种现代化道路，我们不会去复制，也不可能去仿效；一些新兴国家依附性的现代化，丧失了国家政治经济主权的现代化，是我们极力避免的现代化。由于种种原因，包括追赶过程中不得不接受西方国家资金援助和技术转让的附加条件，造成很多国家陷入"特洛伊木马"陷阱之中，鲁道夫·哈曼早在1983年就已经指出了这一点，发展中国家的经济增长如今在很大程度上依赖着工业国家的技术转让，特别是生产技术被大型跨国公司所垄断，它们凭借着复杂的资本密集型的技术，决定性地影响着当前世界市场的发展，并决定着发展中国家的工业化进程，也就是说，发展进程和结果已经被西方国家的技术与资金无情地锁定了。鲁道夫·哈曼非常明确地指出："国家主权和自治权作为这些国家最重要的政治价值，可能因为依赖外国技术而遭到破坏。弗里德里希·李斯特在至少一百五十年前所说的评语可以恰当地在这里加以引用：'自从特洛伊人从希腊人那里接受了一匹木马的时候起，某些国家接受其他国家礼物的事就变得不可靠了。'"② 李斯

---

① 习近平：《习近平谈治国理政》第二卷，外文出版社，2017，第344页。
② 塞缪尔·亨廷顿等：《现代化：理论与历史经验的再探讨》，罗荣渠主编，上海译文出版社，1993，第281页。

特对发达国家向不发达国家输出"特洛伊木马"始终有着一种警觉。

中国不翻版任何国家的现代化,也不需要去翻版其他国家的现代化,更何况世界上不可能存在让我们去直接翻版或者模仿的样板。中国式现代化注定是一种原始创新的现代化,这体现在:是立足于5000年文明历史基础上的现代化,要把一个拥有悠久历史文化传统、文明传承从未中断过的国家变成一个现代化的国家,这就是独一无二的,有何版可翻?是在世界上人口最多的国家、是在中华民族历史上人口最多的时期实现的现代化,这么多的人口,有无数各种各样的利益需求,有无数层出不穷的社会阶层、社会群体及其利益分化,怎样使所有的人都进入现代化的轨道,这就是独一无二的,有何版可翻?是将新型工业化、新型城镇化、农业现代化、信息化、国防和军队现代化、国家治理体系和治理能力现代化等所有领域现代化叠加进行的现代化,新型工业化不仅涉及全球最大规模的工业体系,而且关乎全球众多国家的产业链条;城镇化不仅涉及全世界最多的农业人口的转移,而且其所有的权利都会得到有效保障;农业现代化不仅涉及数亿农业人口进入现代化行列,涉及广大乡村的振兴,而且涉及粮食安全问题等,这是独一无二的,有何版可翻?

走向现代化是每一个国家和民族的梦想,但走向现代化的路径不可能只有一种,每一个国家都可以有自己的道路。中国式现代化要实现中华民族伟大复兴的中国梦,这个梦想深藏在中华民族近代以来的历史进程中,蕴藏在我们的奋斗、牺牲和创造中。我们对现代化的渴求是如此强烈,我们的步伐是如此坚定,没有任何力量可以阻挡。

第三章
中国式现代化的鲜明特征

关于现代化，不同的学者有自己的认识。尼日利亚阿赫马都贝洛大学政治管理系教授詹姆斯·奥康内尔在20世纪70年代撰写的《现代化的概念》一书中对于传统社会与现代社会之间的区别做了梳理。我们从中能够概略地意识到现代化所特有的某些特征。奥康内尔认为，发展中国家向现代化转变，会出现以下变化："陈旧的农业工具和耕作方法让位于拖拉机和化肥；食品的多样化和更好的医疗条件提高了人们的健康水平；机械的速度使距离更短；通讯方法的改进使较大的政治单位可以存在；印刷和其他视听交流手段补充了口头交流；过去孤立和独立的社区之间的相互依存关系逐渐形成；人口从农村转移到城镇，城市化迅速实现；货币更为广泛地用作交易媒介，取代了笨拙的物物交换制度；持续的经济增长开始出现；通过计划部门使经济增长的控制制度化；对消费品的爱好逐渐多样化；正式的学校取代了私人传授；世袭的或继承的社会地位让位于通过成就取得的社会地位，或者说，那些拥有世袭地位的人用既得的地位来巩固他们自己；职业更需要技能和专门化；工业和其他部门的工资雇佣制度开始广泛实行，比较非个人的劳动关系占据主导地位；按照合理和机会均等的原则建立的文官制度取代了不想有所作为的宫廷和村长的个人行政管理制度；劳动和悠闲之间也出现了鲜明的区别。"①奥康内尔的这"十七条"区分传统与现代社会之间的阐述，带有很强的感性色彩，这种感性式列举我们还可以拉出更长更长的清单，比如个性化的管理被法治化治理所替代，民众的广泛参与取代了少数人对权力的控制，越来越高的科学素养使盲目的迷信行为缩小了地盘，电子交易代替了过去的物物交换甚至是纸币交易，时速 350 千米/小时的高铁和 800 千米/小时的飞机代替了时速 5 千米/小时的步行或者是毛驴骑行，等等。

中国的现代化是人类历史上最为复杂最为壮观的现代化，有自己的鲜明特点。在庆祝中国共产党成立 100 周年大会上的讲话中，习近平总书记指出："我们坚持和发展中国特色社会主义，推动物质文明、政治文明、精神文明、社会文明、生态文明协调发展，创造了中国式现代化新道路，创造了人类文明新形态。"②中国式现代化的基本内涵就是习近平总书记阐明的五个方面的现代化。2021 年 1 月 11 日，习近平总书记在省部级主要领导干部学习贯彻党的十九届五中全会精神专题研讨班上的讲话中明确阐明了这些现代化的要求："我们的任务是全面建设社会主义现代化国家，当然我们建设的现代化必须是具有中国特色、符合中国实际的，我在党的十九届五

---

① 西里尔·E.布莱克编《比较现代化》，杨豫、陈祖洲译，上海译文出版社，1996，第 20—21 页。
② 习近平：《在庆祝中国共产党成立 100 周年大会上的讲话》，人民出版社，2021，第 13—14 页。

中全会上特别强调了5点,就是我国现代化是人口规模巨大的现代化,是全体人民共同富裕的现代化,是物质文明和精神文明相协调的现代化,是人与自然和谐共生的现代化,是走和平发展道路的现代化。"[1]可以说,中国式现代化是具有社会主义性质、中国气派、世界情怀的原创性现代化。

一、人口规模巨大的现代化

作为世界上最大的发展中国家,人口基数大、人口众多是我国的基本国情,同时也是我国现代化建设的鲜明特征。人口规模巨大意味着什么?

(一)人口规模巨大意味着现代化一定要把握住人的现代化这一本质要求

习近平总书记指出,现代化的本质是人的现代化。从一定意义上讲,人的现代化是中国式现代化的重要逻辑出发点和一条主线。《人的现代化——心理·思想·态度·行为》一书的作者英格尔斯曾写道:"人的现代化是国家现代化必不可少的因素。它并不是现代化过程结束后的副产品,而是现代化制度与经济赖以长期发展并取得成功的先决条件。"[2]在中国进行现代化建设,归根结底就是要实现人的现代化,推进全体人民实现自由而全面的发展。而我们要实现的人的现代化,不是百万级人数的现代化,也不是千万级人数的现代化,而是要实现十亿以上人口的现代化。这个人口数量是人

---

[1] 习近平:《把握新发展阶段,贯彻新发展理念,构建新发展格局》,《求是》2021年第9期。

[2] 阿历克斯·英格尔斯:《人的现代化——心理·思想·态度·行为》,殷陆君编译,四川人民出版社,1985,第8页。

类历史上从未有过的。我们不仅要使城市的居民实现人的现代化，而且要使农村的居民实现人的现代化；我们不仅要使汉族群众实现人的现代化，还要使每一个少数民族都实现人的现代化；我们不仅要使青少年实现人的现代化，还要使 2.67 亿以上的老年人口也实现人的现代化。在中国，人的现代化不仅涉及的人群广泛，而且涉及多个社会层面，文化程度、历史传统、地域特点、教育背景、经济条件、政治素养千差万别，难度是前所未有的。不仅如此，人的现代化，特别是社会主义国家人的现代化，内涵丰富。美国社会学家英格尔斯认为人的现代化包括以下方面：乐于接受新事物；准备接受社会的改革与变化；头脑开放，尊重不同的看法；注重未来与现在，守时惜时；注重效率、效能，对人和社会的能力充满信心；注重计划；尊重知识，追求知识；相信理性及理性支配下的社会；重视专门技术；敢于正视传统，不唯传统是从；相互了解、尊重和自重；了解生产及过程。这些特征应该说有其合理的成分，但不是问题的全部。在新时代的中国，人的现代化包括：自觉参与到改革开放的历史进程中，为这项事业贡献自己的力量；自觉拥护中国共产党的领导，心怀"国之大者"，有政治意识；重视职业技能的开发，能够不断去进行学习；对未来的发展变化有一种心理的准备，不悲观不厌世；能够较好地处理好各种人际关系，在社会生活中不断提升自己；对于制度与法律，能够比较熟悉，也能够自觉去遵守。

（二）人口规模巨大意味着现代化一定要充分发挥好各种人力资源的优势

在我国实现人的现代化、推动人的全面发展，主要表现为促进人口素质与人口规模的提升。新中国成立初期，我国人口为 5.4 亿人，80% 的人口是文盲，人均预期寿命仅有 35 岁。新中国成立后特别是改革开放以来,党和政府高度重视教育事业,实施教育优先发展战略,人口受教育水平不断提升。根据2021年第七次全国人口普查数据,现今15岁及以上人口的平均受教育年限提高至9.91年,高等教育毛入学率达到54.4%,文盲率下降至2.67%,人口素质显著提高,为现代化建设提供了坚实的人力资源基础。此外,党始终不断健全和完善公共卫生体系、医疗服务体系以及社会保障体系,有效化解了现代化建设过程中面临的人口规模与民生保障不协调这一难题。截至2020年年末,我国城镇常住人口持续增加,占全国人口的63.89%,城镇化率进一步提升,为推进人口规模巨大的现代化提供了有利条件。党的十八大以来,党中央作出人才是实现民族振兴、赢得国际竞争主动的战略资源的重大判断,作出全方位培养、引进、使用人才的重大部署,推动新时代人才工作取得历史性成就、发生历史性变革。

以实现人的全面发展为现代化建设助力,是我国现代化建设的重要特征。进入新发展阶段,我国推进人口规模巨大的现代化、实现人的全面发展,意味着占世界近五分之一的人口必将不断释放出巨大的人口红利,逐步实现由人力资源大国向人力资源强国的转变,为加快迈入现代化强国提供有力保障。我国拥有世界上规模最大的高等教育体系,有各项事业发展的广阔舞台,完全能够源源不断培养造就大批优秀人才,完全能够培养出大师,也必定会培养出大师。

(三)人口规模巨大意味着现代化一定会面临着无数复杂的问题和困难

2003年11月21日,中国国务院总理温家宝在中南海紫光阁接受了美国《华盛顿邮报》总编唐尼的采访,应询介绍了中国经济社会发展情况与目标和中方对中美关系及当前重大国际问题的看法。其中温家宝总理提出了一个很有意思的"乘除法":"一个很小的问题,乘以13亿,都会变成一个大问题;一个很大的总量,除以13亿,都会变成一个小数目。"①近20年过去了,不仅中国的人口从13亿增加到了14亿,而且整个社会阶层和结构发生了巨大变化。2017年6月,中共中央、国务院印发了《新时期产业工人队伍建设改革方案》,明确提出:"要把产业工人队伍建设作为实施科教兴国战略、人才强国战略、创新驱动发展战略的重要支撑和基础保障,纳入国家和地方经济社会发展规划,造就一支有理想、守信念、懂技术、会创新、敢担当、讲奉献的宏大的工人队伍。"②到2019年,中国有5.8亿人的工人队伍,其中第二产业从业人员达到2.1亿人,第三产业从业人员达到3.7亿人。我们不仅有数量巨大的产业工人,而且其中还有数量巨大的农民工。2020年全国农民工数量是28560万人,占了全国人口的1/5。我们还有近6亿农村人口,占全国人口的40%。我们还有北漂、海归、海待、散户等新的社会群体。改革开放以来中国还出现了新社会阶层。按照2015年颁发的《中国共产党统一战线工作条例(试行)》规定,这个群体主要由私营企业、外资企业的管理人员和技术人员、中介组织从业人员、自由职业人员等组成,集中分布在新经济组织、新社会组织中。他们作为中国特色社会主义事业的建设者,在促进共同富裕、构建社会主义和谐社会、全面建设小康社会中发挥着重要作用。这是一个人数比较庞大,而且在不断增长的群体。据中共中央统战部宣传办统计,截止

---

① 孔祥云主编《清华学子议国情》,人民出版社,2014,第57页。
② 《新华月报》编《新中国70年大事记(1949.10.1—2019.10.1)》(下),人民出版社,2020,第1789页。

到2016年年底,"我国新的社会阶层人士的总体规模约为7200万人,其中党外人士占比为95.5%,约6900万人。根据调研统计测算,新的社会阶层人士中,各群体规模分别为:民营企业和外商投资企业管理技术人员约4800万人;中介组织和社会组织从业人员约1400万人;自由职业人员约1100万人;新媒体从业人员约1000万人。由于各类群体间存在人员交叉现象,因而,上述数据直接加总多于7200万人"①。新的社会阶层是随着改革开放和社会主义市场经济的发展,在非公有制经济领域和社会领域出现的一些新的社会群体。

(四)人口规模巨大意味着要构建成熟理性的国民心态

国民心态作为一种社会存在的反映,既与社会发展状况存在着直接关系,又受到社会历史文化的影响。它从一个侧面反映了一个国家和民族以什么样的心态面对世界、面对社会、面对他人和自身,反映出一个国家和民族文明的水平与程度。新中国成立70多年来,特别是改革开放40多年的发展,我国综合国力大幅提升,国际地位不断提高,人民群众经历了很多历史性变革的洗礼,国民精神面貌发生了巨大变化。国民心态总体上趋于积极健康、理性平和,但也存在着一些负向的表现:居民对压力的感知与对不公平的担忧依然存在,医疗、养老、教育、房价等压力对居民心态影响较深,容易形成偏激、悲观的负面情绪;网络平台乱象较多,特别是不良网络信息传播严重影响社会心态,吐槽、恶搞等乱象助长了低俗、颓废心态的蔓延。

---

① 王海磬:《全国新的社会阶层人士约7200万人》,《光明日报》2017年1月6日,第01版。

1. 不断增强人民群众的获得感、幸福感、安全感，大力促进社会公平正义

社会公平正义是社会和谐的基本条件，也是培育健康国民心态的重要前提。社会公正则国民心态平和、心理平衡；社会不公则往往导致国民心态失衡、心气不顺。培育健康国民心态，需要将维护和促进社会公平正义放在更加突出的位置，让人民群众有更多获得感、幸福感、安全感。

国民心态的成熟程度与社会公平保障体系的完善程度密切相关。要逐步建立包括权利公平、机会公平、规则公平、分配公平在内的社会公平保障体系，扩大社会保障领域的公平治理范围，并且在务实的层面上下功夫，出实招。要不断完善利益分配机制，不断缩小地区差距、行业差距和贫富差距，让国民能够平等地参与社会竞争、平等地获取发展机会。

国民心态的成熟程度一定意义上是与法治体系的公平正义实现的程度成正相关的。要把体现人民利益、反映人民愿望、维护人民权益、增进人民福祉落实到全面依法治国各领域全过程，积极回应人民群众新要求新期待，系统研究谋划和解决法治领域人民群众反映强烈的突出问题，加快构建规范高效的制约监督体系，构建开放、动态、透明、便民的阳光司法机制，加快构建规范高效的制约监督体系，坚守公正司法的底线，坚持维护人民权益，不断提高司法公信力。

2. 以社会主义核心价值观为引领，培育正确价值导向

正确的价值导向是培育健康国民心态的根本要求，对人们起着定向作用，引导人们的行为活动趋向最佳选择。健康的国民心态不会自发形成，它与国民思想道德素质的不断提高和良好行为习惯的养成紧密相连。因此，培育健康国民心态，需要切实加强教育引导和价值引领,营造良好社会氛围。

国民心态的成熟离不开宣传教育。要注重宣传教育,通过生动鲜活通俗的语言,以及新媒体的广泛传播,把社会主义核心价值观的科学内涵和先进性讲清楚、说明白,让人民群众深刻理解、高度认同、形成共识。要充分发挥文化陶冶情操、浸润心灵的作用,引导文艺工作者把社会主义核心价值观融入文艺创作生产全过程、体现到文艺作品中,让群众在美的享受中受到教育。

国民心态的成熟要融入社会主义核心价值观践行之中。社会主义核心价值观的践行要融入生产方式和生活方式之中,从经济建设到政治、文化、社会建设和生态文明建设,从城市空间规划到乡村振兴战略实施,也就是建立社会主义核心价值观的生产和再生产机制,使核心价值观成为经济社会发展的"普照之光"。

国民心态的成熟需要有更多的仪式。要充分利用重大纪念日、民族传统节日等契机,组织开展形式多样的纪念、庆典活动,传播社会主义核心价值观,努力把健康国民心态的培育贯穿和渗透到人们的日常生活中,通过历史与现实、共享情感与价值观的集体活动,将引导国民心态工作做到春风化雨、润物无声,增进人民群众的情感认同、理论认同、政治认同。

3. 充分发挥现代媒体作用,推动构建良好的舆论生态

当今时代,微博、微信、短视频、直播等现代媒体日益成为大众娱乐生活的重要组成部分,并对社会整体的思维习惯、话语表达、社会情绪等产生持续性影响。在培育健康国民心态的系统工程中,要充分发挥现代媒体的作用,做好舆论引导,积极传播社会正能量,推动构建良好的社会心态和舆论生态。国民心态的成熟需要有良好的新媒体环境。

净化微媒体下舆论环境。网络运行机构对于相关从业以及管理人员要进行言行上的严格约束,积极鼓励网民发布与社会正能量有关的信息,合理引导舆论的走向。另外,还需重视网络信息传递,以及网络负面情绪引导,不断吸收教育培养专业的互联网团队,加强团队的专业度以及思想道德素质。要通过营造良好的舆论氛围,引导公众舆论由非理性的宣泄走向理性客观的思考。

加强制度建设,规范网络秩序。自媒体等新生事物在起步阶段往往"无门槛"或"低门槛",极易出现问题,需要及时跟进制定相应制度规范。要通过法治建设进一步规范网络秩序,加大对恶意制造、传播虚假不实信息者的惩戒力度,对僭越法律者绝不姑息、依法严惩,进而强化网民规则意识,净化网络环境,防止抹黑、诋毁国家的错误舆论冲击主流意识形态,误导公众。

完善网络空间治理体系。培育健康理性的国民心态,需要发挥法治引领的根本性作用。要对网络空间进行更加科学有效立法,促使其形成多层次、多维度的网络治理法律法规体系。要完善政府与非官方组织之间的合作治理机制,积极发挥政府在互联网治理中的主导作用,同时明确其他网络主体参与网络治理的合法地位,进一步加强网络行业的自律,实现自我监管、自我约束。

二、全体人民共同富裕的现代化

中国式现代化还要求我们必须走共同富裕道路,到 2035 年共同富裕取得更为明显的实质性进展,到 2049 年全体人民共同富裕基本实现。2021 年 12 月举行的中央经济工作会议指出:"要正确认识和把握实现共同富裕的战略目标和实践途径。在我国社会主义制度下,既要不断解放和发展社会生产力,不断创造和积累社会财富,又要防止两极分化。实现共同富裕目标,首先要通过全国人民共同奋斗把'蛋糕'做大做好,然后通过合理的制度安排把'蛋糕'切好分好。这是一个长期的历史过程,要稳步朝着这个目标迈进。"①要实现这一目标,就有一个如何利用和驾驭资本的问题。中央经济工作会议强调要正确认识和把握资本的特性和行为规律,"社会主义市场经济是一个伟大创造,社会主义市场经济中必然会有各种形态的资本,要发挥资本作为生产要素的积极作用,同时有效控制其消极作用。要为资本设置'红绿灯',依法加强对资本的有效监管,防止资本野蛮生长"②。这将在推动经济高质量发展中实现共同富裕。

资本主义依靠两极分化的分配制度推动了其现代化的实现,社会主义国家的现代化绝不能走两极分化的道路,也不能走平均主义的道路,必须走共同富裕的道路。当然,实现共同富裕,要统筹考虑需要和可能,按照经济社会发展规律循序渐进:其一,我们要在满足人民群众日益增长的新需求中推动共同富裕。人民群众需要的内涵和领域不断扩大,从基本物质文化需要向多样化需要扩展。既有更高的物质文化需求,又有民主、法治、公平、正义、安全、环境等需求;既有原有需求的提高,又有新需求的出现。我们要在满足人民群众日益增长的更高质量的需求中推动共同富裕。人民群众的需要日益增长,这种增长不仅需要内容的扩展,而且需要质量的提升。所以,习近平总书记一再强调,过去解决"有没有",现在解决"好不好"。"好不好"体现在要实现"更好的教育、更稳定的工作、更满意的收入、更可靠的社会保障、更高水平的医疗卫生服务、更舒适的居

---

① 《中央经济工作会议在北京举行》,《人民日报》2021年12月11日,第01版。
② 《中央经济工作会议在北京举行》,《人民日报》2021年12月11日,第01版。

住条件、更优美的环境、更丰富的精神文化生活",也体现在幼有所育、学有所教、劳有所得、病有所医、老有所养、住有所居、弱有所扶等方面不断取得新进展。其二,要不断完善社会主义基本经济制度,发挥社会主义生产关系以及分配方式的作用。要毫不动摇巩固和发展公有制经济,毫不动摇鼓励、支持、引导非公有制经济发展,通过"两个毫不动摇"来推动共同富裕的实现。要坚持多劳多得,提高劳动报酬在初次分配中的比重,健全劳动、资本、土地、知识、技术、管理、数据等生产要素由市场评价贡献、按贡献决定报酬的机制,健全以税收、社会保障、转移支付等为主要手段的再分配调节机制,重视发挥第三次分配作用,发展慈善等社会公益事业。要通过初次分配、再分配调节、第三次分配的联动作用,为实现共同富裕奠定分配制度的基础。中国共产党从成立之日起就担负起为人民谋幸福的责任,人民幸福很重要的一个方面就是全体人民要实现共同富裕。可以说,只有在中国共产党的领导下,共同富裕这样一个全体人民不懈奋斗的目标才能真正实现。

(一)实现共同富裕我们有科学的理论指南

在一个14亿多人口的国家实现全体人民的共同富裕,是人类历史上最为宏大、最为复杂、最为迷人的事业。完成好这一事业不允许我们出现任何重大的偏差,更不能出现颠覆性的错误。这就需要科学的理论作指导。我们党始终是在不断丰富和发展关于共同富裕理论的基础上推进实践发展的。

我们党强调,社会主义的本质就是实现共同富裕。早在社会主义建设时期,毛泽东同志就指出,社会主义就是一种能够共同富、共同强的制度,他说:"现在我们实行这么一种制度,这么一种计划,是可以一年一年走向更富更强的,一年一年可以看到更富更强些。而这个富,是共同的富,这个强,是共同的强,大家都有份"①。在改革开放和社会主义现代化建设新时期,邓小平同志更是把最终实现共同富裕作为社会主义本质来看待:"社会主义的本质,是解放生产力,发展生产力,消灭剥削,消除两极分化,最终达到共同富裕。"②江泽民同志强调:"实现共同富裕是社会主义的根本原则和本质特征,绝不能动摇。"③能否实现共同富裕是区别社会主义与其他制度重要的标准。胡锦涛同志进一步强调:"使全体人民共享改革发展成果,使全体人民朝着共同富裕的方向稳步前进。"④

进入中国特色社会主义新时代,我们党更是把共同富裕作为中国式现代化的重要特征来看待。习近平总书记讲:"共同富裕是社会主义的本质要求,是中国式现代化的重要特征。"⑤习近平总书记多次指出,共同富裕是社会主义的本质要求,是人民群众的共同期盼,是我们党坚持全心全意为人民服务根本宗旨的重要体现。他还强调,中国式现代化就是实现共同富裕的现代化。他指出:共同富裕本身就是社会主义现代化的一个重要目标。我们要始终把满足人民对美好生活的新期待作为发展的出发点和落脚点,在实现现代化过程中不断地、逐步地解决好这个问题。在全面建设社会主义现代化国家新征程中,我们必须把促进全体人民共同富裕摆在更加重要的位置,脚踏实地、久久为功,向着这个目标更加积极有为地进行努力。

我们党从制度本质特征和本质要求的角度阐明了共同富裕的

---

① 中共中央文献研究室编《毛泽东文集》第六卷,人民出版社,1999,第495页。
② 《邓小平文选》第三卷,人民出版社,1993,第373页。
③ 《江泽民文选》第一卷,人民出版社,2006,第466页。
④ 《胡锦涛文选》第二卷,人民出版社,2016,第291页。
⑤ 习近平:《扎实推动共同富裕》,《求是》2021年第20期。

极端重要性,指出实现全体人民共同富裕是为人民谋幸福的着力点,也是夯实党长期执政基础的内在要求。我们党形成了包括共同富裕内涵在内的一系列重要思想:共同富裕是全体人民的富裕,不是少数人的富裕,也不是一部分人的富裕,是所有人的富裕,是一个也不能少的富裕;共同富裕不是一夜之间大家都富裕起来,也不是整齐划一的平均主义;共同富裕不仅仅是物质生活方面的富裕,是人民群众物质生活和精神生活两个方面都富裕;共同富裕是鼓励勤劳创新致富,是鼓励依法合法致富。正是有了这一系列科学理论的指导,我们才能使实现共同富裕的道路越走越宽广。

(二)我们建构了实现共同富裕系统的制度体系

使全体人民实现共同富裕不能靠哪个人的主观意志,也不能靠运气,而是靠制度。我们党在推进共同富裕实现的过程中,始终强调制度体系建构的极端重要性,不断用制度体系的完善来解决实现共同富裕所面临的诸多现实问题。

立足社会主义初级阶段,不断丰富和发展社会主义基本经济制度,把共同富裕建立在基本经济制度的完善上。坚持"两个毫不动摇",坚持公有制为主体、多种所有制经济共同发展。我们党始终强调使公有制为主体的所有制制度成为实现共同富裕的支配性制度,允许一部分人先富起来,重点鼓励辛勤劳动、合法经营、敢于创业的致富带头人。同时始终强调先富带后富、帮后富,用制度化的帮扶来使后富者呈现出一波接着一波的局面。坚持按劳分配为主体、多种分配方式并存,使分配制度成为实现共同富裕的基础性制度。坚持多劳多得,着重保护劳动所得,增加劳动者特别是一线劳动者劳动报酬,提高劳动报酬在初次分配中的比重;健全以税收、社会保障、转移支付等为主要手段的再分配调节机制,强化税收调节,合理调节城乡、区域、不同群体间分配关系;发挥第三次分配作用,发展慈善等社会公益事业。通过所有制制度和分配制度的完善,鼓励勤劳致富,保护合法收入,增加低收入者收入,扩大中等收入群体,调节过高收入,清理规范隐性收入,取缔非法收入。加快完善社会主义市场经济体制,使社会主义市场经济体制成为实现共同富裕的支撑性制度。建设高标准市场体系,完善公平竞争制度,使市场主体能够平等地进行创造创业;强化竞争政策基础地位,落实公平竞争审查制度,加强和改进反垄断和反不正当竞争执法,使市场主体在追求财富的过程中实现更多更高水平的公平性;健全以公平为原则的产权保护制度,这种公平性的产权保护制度一方面鼓励人们大胆在创造中获得财富,另一方面使财富分配更公平;推进要素市场制度建设,实现要素价格市场决定、流动自主有序、配置高效公平,从而为大众的创业扫清障碍。

建立科学的公共政策体系,把保障和改善民生建立在经济发展和财力可持续的基础之上,重点加强基础性、普惠性、兜底性民生保障建设。共同富裕不仅是解决收入待遇上的差别问题,还涉及民生领域的方方面面。为此,我们建立健全了诸多制度:健全幼有所育、学有所教、劳有所得、病有所医、老有所养、住有所居、弱有所扶等方面国家基本公共服务制度体系,也就是说,通过国家公共财政的投入使这七个方面的"有"能够为所有民众所享有;完善覆盖全民的社会保障体系,健全统筹城乡、可持续的基本养老保险制度、基本医疗保险制度,稳步提高保障水平,还要加快建立基本养老保险全国统筹制度。

(三)实现共同富裕我们谋划了切实可行的具体路径

历史发展到今天,防止两极分化,促进共同富裕,实现社会和谐安定,是我们面临的一道必答题。从世界范围内来看,全球收入不平等问题十分突出,一些国家特别是西方国家贫富分化明显加剧,中产阶层塌陷,"一亿总中流"断流,导致民族撕裂、族群对立、政治极化、民粹主义泛滥,社会动荡不已。

扩大中等收入群体规模,使共同富裕的主体越来越广泛。共同富裕是全体人民的共同富裕,要使人民群众这一主体更加广泛地参与到共同富裕的进程中。至少有这样一些主体值得我们关注:低收入人群,通过收入倍增计划等方式,使很多人迈入中等收入行列;高校毕业生,提高高等教育质量,做到学有专长、学有所用、学有所果,使他们在走上社会后能够尽快步入中等收入群体行列;技术工人群体,是中等收入群体的重要组成部分,要加大技能人才培养力度,提高技术工人工资待遇,吸引更多高素质人才加入技术工人队伍,使他们在自身的创造中致富;科学家队伍,他们富有创造力,这种创造力不仅体现在技术发明上,而且体现在技术转化上,这支队伍中很多人都是高收入群体或者中等收入群体中的高收入者;教师队伍,这是中等收入群体中的稳定的力量,要继续推动全社会尊重教师的风尚,抓好教师队伍收入待遇的进一步改善;中小企业主和个体工商户,是创业致富的重要群体,要帮助他们稳定经营、持续增收、不断发展,在发展中不仅成为中等收入群体的中坚力量,而且要向高收入发展;进城农民工,是中等收入群体的重要来源,要通过深化户籍制度改革,使常住人口市民化,稳定其就业,同时提升其就业质量;公务员特别是基层一线公务员及国有企事业单位基层职工,是中等收入群体的重要组成部分,要适当提高工资待遇以及其他待遇。中等收入群体的范围随着经济社会发展还会越来越广泛,中国目前的4亿以上的中等收入群体人数到2035年会增加到8亿以上，那时共同富裕的主体基础就会得到极大夯实。

防止社会阶层固化，畅通向上流动通道。实现共同富裕一不是等着天上掉馅饼，掉无数馅饼，大家一起自动富裕；二不是等着一部分人富得流油，富得不能再富了，就捐出自己的一部分收入给穷的人。这些认识都是不对的。共同富裕实质上是给更多人创造致富机会，形成人人参与的发展环境，避免"内卷""躺平"。无论怎样"躺平"，无论是什么方式的"内卷"，只会损害共同富裕事业的发展。同时，要在发展过程中，注意打破一些制度性障碍，切实防止"贫困的代际传递"。

发展政治文明和精神文明，健全全过程人民民主和促进人民精神生活共同富裕，为实现共同富裕提供政治保障和精神动力。实现共同富裕不仅仅是经济领域的事情，也是政治问题。只有不断发展全过程人民民主，使人民当家作主的主体能力发挥出来，才能为财富的创造提供最深厚的政治基础。可以说，没有全过程人民民主的发展，就没有共同富裕的实现。促进共同富裕，是需要精神动力的。一方面要通过不断满足人民群众多样化、多层次、多方面的精神文化需求，使人民群众的精神风貌不断改善，以敢于创业善于创新的精神状态去干事；另一方面要加强促进共同富裕舆论引导，澄清各种模糊认识，防止急于求成和畏难情绪，为促进共同富裕提供良好舆论环境。

实现共同富裕不仅是全体中国人民的共同期待，也是社会主义的本质要求。这个期待、这个要求，只有在党的领导下才能实现，舍此没有他途。

三、物质文明和精神文明相协调的现代化

马克思、恩格斯在创立科学社会主义的过程中,从生产力与生产关系、经济基础与上层建筑的矛盾运动中探索人类社会发展的客观规律,对于未来社会发展的协调性进行过系统阐述。马克思主义创始人认为,未来社会即共产主义社会应该实现人和自然之间、人和人之间的"真正和解"即全面的协调性。马克思、恩格斯把实现"人类同自然的和解以及人类本身的和解"确立为人类社会在发展过程中正确处理人与自然、社会三者关系的最高价值目标,并围绕这个目标提出了"使自然界真正复活""使人和自然的矛盾真正解决"的历史使命。在《1844年经济学哲学手稿》中,马克思把共产主义定义为"人和自然之间、人和人之间的矛盾的真正解决"。在马克思看来,人类社会面临人和自然的问题,就是"人同自然的和解以及人同本身的和解",他始终把这两个"和解"作为自己的最终目标。"社会是人同自然界的完成了的本质的统一,是自然界的真正复活,是人的实现了的自然主义和自然界的实现了的人道主义。"当然,这种和解是以公有制的建立为基本前提的。

(一)中国的社会主义现代化始终强调把物质文明和精神文明结合起来、协调起来

1986年6月,党的十二届六中全会通过的《中共中央关于社会主义精神文明建设指导方针的决议》明确指出:"在社会主义时期,物质文明为精神文明的发展提供物质条件和实践经验,精神文明又为物质文明的发展提供精神动力和智力支持,为它的正确发展方向提供有力的思想保证。社会主义精神文明建设,是关系社会主义兴

衰成败的大事。"①10 年后的 1996 年,党的十四届六中全会通过的《中共中央关于加强社会主义精神文明建设若干重要问题的决议》再次指出:"从 1996 年到 2010 年,是建设有中国特色社会主义事业承前启后、继往开来的重要时期。在这个时期,要巩固和发展十一届三中全会以来取得的伟大成就,促进经济体制和经济增长方式的根本性转变,推动经济发展和社会全面进步;要面对世界范围各种思想文化相互激荡和科学技术的迅猛发展,迎接综合国力剧烈竞争的挑战;要在前进道路上战胜各种困难,坚持党的基本路线不动摇。这一切,不仅要求物质文明有一个大的发展,而且要求精神文明有一个大的发展。必须指出,社会主义精神文明是社会主义社会的重要特征,是现代化建设的重要目标和重要保证。建设社会主义精神文明,关系跨世纪宏伟蓝图的全面实现,关系我国社会主义事业的兴旺发达。物质文明是基础,经济建设这个中心必须牢牢把握,毫不动摇,但是精神文明搞不好,物质文明也要受破坏,甚至社会也会变质。"②党的十八大以来,习近平总书记始终强调两个文明协调发展的问题。2014 年 3 月,在联合国教科文组织总部的演讲中,习近平总书记指出:"实现中国梦,是物质文明和精神文明均衡发展、相互促进的结果。没有文明的继承和发展,没有文化的弘扬和繁荣,就没有中国梦的实现。中华民族的先人们早就向往人们的物质生活充实无忧、道德境界充分升华的大同世界。中华文明历来把人的精神生活纳入人生和社会理想之中。所以,实现中国梦,是物质文

---

① 《中共中央关于社会主义精神文明建设指导方针的决议》,人民出版社,1986,第 2 页。

② 《中共中央关于加强社会主义精神文明建设若干重要问题的决议》,人民出版社,1996,第 1—2 页。

明和精神文明比翼双飞的发展过程。随着中国经济社会不断发展,中华文明也必将顺应时代发展焕发出更加蓬勃的生命力。"①

(二)这种协调性体现在多个方面

其一,强调在发展物质文明的过程中始终用精神文明作为发展的精神力量和指导。中国的物质文明建设不是没有价值观指导的,不是什么价值中立的纯经济的发展,而是以社会主义核心价值体系为灵魂的物质文明的发展。这种物质文明发展的方向是由社会主义的价值理念和价值观来引导的。精神文明可以确保物质文明发展的正确方向,使物质文明在一个健康的轨道上持续发展。人类创造出来的物质财富是用于发展人类自身,还是毁灭自己,很重要的就是看是否有精神文明的指导。当然,这种引导的效能不完全取决于精神文明本身,还有很多其他的因素在起作用。也就是说,这种协调性是复杂的协调,既不是线性简洁的协调,也不是正相关式的协调,而是复杂社会背景下的协调。

其二,强调在建设精神文明的过程中以物质文明作为载体。精神文明建设需要一定的物质条件作为基础,没有离开物质条件的纯而又纯的精神文明。精神文明发展的程度一定程度上依赖于物质文明的发展,古人云"仓廪实而知礼节"。尽管这两者未必是完全同一的,但至少两者之间不是背反的。在物质文明发展的过程中,我们要把更多的财力用于教育、文化、科技等方面,用于精神文明建设的开展。

---

① 习近平:《在联合国教科文组织总部的演讲》,《人民日报》2014年3月28日,第03版。

四、人与自然和谐共生的现代化

建设人与自然和谐共生的现代化是中国共产党长期以来,特别是新时代以来的生态自觉。2012年11月17日,习近平总书记在主持十八届中共中央政治局第一次集体学习时指出:"党的十八大把生态文明建设纳入中国特色社会主义事业总体布局,使生态文明建设的战略地位更加明确,有利于把生态文明建设融入经济建设、政治建设、文化建设、社会建设各方面和全过程。这是我们党对社会主义建设规律在实践和认识上不断深化的重要成果。"[①]2017年10月18日,习近平总书记在党的十九大报告中强调:"人与自然是生命共同体,人类必须尊重自然、顺应自然、保护自然。"[②]"生态文明建设功在当代、利在千秋。我们要牢固树立社会主义生态文明观,推动形成人与自然和谐发展现代化建设新格局,为保护生态环境作出我们这代人的努力!"[③]

(一)建设人与自然和谐共生的现代化是习近平生态文明思想的重要组成部分

2018年5月18日,习近平总书记在全国生态环境保护大会上发表重要讲话,提出新时代推进生态文明建设必须坚持的原则:"坚持人与自然和谐共生""绿水青山就是金山银山""良好生态环境是最普惠的民生福祉""山水林田湖草是生命共同体""用最严格制度最严密法治保护生态环境""共谋全球生态文明建设"等。这次大会正式确立了习近平生态文明思想。习近平生态文明思想深刻回答

---

① 习近平:《习近平谈治国理政》第一卷,外文出版社,2018,第11页。
② 习近平:《习近平谈治国理政》第三卷,外文出版社,2020,第39页。
③ 习近平:《习近平谈治国理政》第三卷,外文出版社,2020,第41页。

了"为什么建设生态文明、建设什么样的生态文明、怎样建设生态文明"等重大理论和实践问题,把我们党对生态文明建设规律的认识提升到了一个新高度,也大大深化了我们党对于社会主义现代化规律的认识。

(二)建设人与自然和谐共生的现代化是广大人民群众的迫切要求

习近平总书记深刻意识到人民群众的生态环境需求十分迫切。习近平总书记明确指出:"从政治经济学的角度看,供给侧结构性改革的根本,是使我国供给能力更好满足广大人民日益增长、不断升级和个性化的物质文化和生态环境需要,从而实现社会主义生产目的。"①例如,人民群众对清新空气、清澈水质、清洁环境等生态产品的需求越来越迫切,人民群众对良好生态环境的期待越来越高。党的十九大报告指出:"我们要建设的现代化是人与自然和谐共生的现代化,既要创造更多物质财富和精神财富以满足人民日益增长的美好生活需要,也要提供更多优质生态产品以满足人民日益增长的优美生态环境需要。"②2013年4月25日,习近平总书记在主持召开十八届中共中央政治局常委会会议时指出:"我们一定要取舍,到底要什么?从老百姓满意不满意、答应不答应出发,生态环境非常重要;从改善民生的着力点看,也是这点最重要。我们提出转变经济发展方式,老百姓想法也是一致的,为什么还扭着干?所以,我想,有关方面有必要采取一次有重点、有力度、有成效的环境整治行

---

① 中共中央文献研究室编《习近平关于社会主义经济建设论述摘编》,中央文献出版社,2017,第98页。
② 习近平:《习近平谈治国理政》第三卷,外文出版社,2020,第39页。

动,在这方面也要搞顶层设计。"①党的十八大以来,我国通过全面深化改革,加快推进生态文明顶层设计和制度体系建设,相继出台《关于加快推进生态文明建设的意见》《生态文明体制改革总体方案》,制定了40多项涉及生态文明建设的改革方案,从总体目标、基本理念、主要原则、重点任务、制度保障等方面,对生态文明建设进行全面系统的部署安排。与此同时,土壤污染防治法、长江保护法等法律制定施行,环境保护法、大气污染防治法、森林法等法律修订完善,为生态文明建设提供了法治保障。

五、走和平发展道路的现代化

社会主义现代化要求我们必须走和平发展道路,实现和平发展基础上的现代化。社会主义从本质上讲,是坚持和平、和睦、和谐的,社会主义能够从制度上确保实现"三和",社会主义现代化就是要把和平、和睦、和谐这一中华民族优秀基因发扬光大。进入新时代,国际力量对比深刻调整,单边主义、保护主义、霸权主义、强权政治对世界和平与发展威胁上升,逆全球化思潮上升,世界进入动荡变革期。我们决不走殖民扩张道路来为自己的现代化铺路架桥,为自己的现代化提供那种野蛮的原始积累,这是西方发达国家实现现代化的最主要方式,这就是马克思讲的"大家知道,在真正的历史上,征服、奴役、劫掠、杀戮,总之,暴力起着巨大的作用。但是在温和的政治经济学中,从来就是田园诗占统治地位。正义和'劳动'自古以来就是唯一的致富手段,自然,'当前这一年'总是例外。事实

---

① 中共中央文献研究室编《习近平关于社会主义生态文明建设论述摘编》,中央文献出版社,2017,第83页。

上,原始积累的方法绝不是田园诗式的东西"①。原始积累是一种残酷的剥夺,而且是用不可磨灭的血和火的文字载入人类编年史的。

走和平发展道路要求我们同各种殖民主义、霸权主义、霸凌主义进行坚决斗争。我们现在不称霸,即使中国将来真正强大了,中国也永远不会称霸。中国不会用坚船利炮等军事手段去占领别国的一寸土地,也不会在别的国家的领土上驻扎一兵一卒。中国积极参与全球治理体系改革和建设,维护以联合国为核心的国际体系、以国际法为基础的国际秩序、以联合国宪章宗旨和原则为基础的国际关系基本准则,维护和践行真正的多边主义,积极推动经济全球化朝着更加开放、包容、普惠、平衡、共赢的方向发展。中国始终高举和平、发展、合作、共赢的旗帜,坚持在和平共处五项原则基础上同各国友好相处,在平等互利基础上积极开展同各国的交流合作,坚定不移维护世界和平、促进共同发展。我们根据事情本身的是非曲直决定自己的立场和政策,秉持公道,伸张正义,尊重各国人民自主选择发展道路的权利,绝不把自己的意志强加于人。新时代中国特色社会主义日益走近世界舞台中心,在与资本主义的竞争中开始赢得一定优势,使国际力量对比更趋平衡,有利于发展中国家走向现代化。20 世纪末,苏联解体后出现了"一超多强"的世界格局。西方国家凭借经济、科技、军事优势,以推进"民主化"为名,把很多发展中国家纳入西方经济政治体系中,不仅造成一些国家政局不稳、战乱不断,而且造成不平等的经济全球化。发达国家利用这种不平等来获取自身利益,并且在舆论上大肆宣扬这种不平等性。

---

① 中共中央马克思恩格斯列宁斯大林著作编译局编译《马克思恩格斯文集》第五卷,人民出版社,2009,第 821 页。

1999年4月5日美国《商业周刊》的一篇文章则直截了当地说：世界的祸就是美国的福。中国特色社会主义进入新时代根本上改变了这种损人利己的经济全球化局面。2021年，中国GDP占世界的比重为18%，这一比重还在稳步上升。预计到2035年，这一比重会超过25%。这使国际力量对比更趋平衡，防止了一极格局下单边主义对发展中国家肆意的既有Tank(军事)又有Bank(金融)的侵掠。更为重要的是中国经济的发展是与世界各国紧密相连的，我们发展的是更高层次的开放型经济。

走和平发展道路还要求我们必须坚决捍卫国家主权安全和独立、领土完整，要求我们反对强权政治，推动历史车轮向着光明的目标前进，确保我们实现的现代化不是丧失了国家主权独立基础上的依附性现代化。因为二战之后，一批实现了现代化的国家丧失了国家主权独立性、完整性、自主性。中国要实现的现代化既不走殖民扩张的老路，也不走依附性现代化国家的弯路。我们走和平发展道路能够走得通，一方面是因为我们不断推进国防和军队现代化，人民军队在建设世界一流军队的过程中，逐渐成为维护地区和世界和平的强大力量；另一方面我们高举和平、发展、合作、共赢旗帜，奉行独立自主的和平外交政策，弘扬和平、发展、公平、正义、民主、自由的全人类共同价值，推动建设新型国际关系，推动构建人类命运共同体，推动共建"一带一路"高质量发展，以中国的新发展为世界提供新机遇，赢得了世界各国的广泛支持。

走和平发展道路既是中国共产党坚持独立自主的要求，也是坚持胸怀天下的要求。坚持独立自主，就是坚持中国的事情必须由中国人民自己作主张、自己来处理。我们坚信：世界上没有放之四海而皆准的具体发展模式，也没有一成不变的发展道路，历史条件的多样性决定了各国选择发展道路的多样性。人类历史上,没有一个民族、没有一个国家可以通过依赖外部力量、跟在他人后面亦步亦趋实现强大和振兴。那样做的结果,不是必然遭遇失败,就是必然成为他人的附庸。坚持胸怀天下,就是像《中共中央关于党的百年奋斗重大成就和成史经验的决议》指出的:"始终以世界眼光关注人类前途命运,从人类发展大潮流、世界变化大格局、中国发展大历史正确认识和处理同外部世界的关系,坚持开放、不搞封闭,坚持互利共赢、不搞零和博弈,坚持主持公道、伸张正义,站在历史正确的一边,站在人类进步的一边。"①马克思、恩格斯指出:"各民族的原始封闭状态由于日益完善的生产方式、交往以及因交往而自然形成的不同民族之间的分工消失得越是彻底,历史也就越是成为世界历史。"②习近平总书记指出:"马克思、恩格斯当年的这个预言,现在已经成为现实,历史和现实日益证明这个预言的科学价值。今天,人类交往的世界性比过去任何时候都更深入、更广泛,各国相互联系和彼此依存比过去任何时候都更频繁、更紧密。"③即使在今天经济全球化遭遇逆流,整个世界遇到新冠肺炎疫情这样大的冲击,经济全球化的步伐仍然不可能停止。美国很多的政客扬言要与中国经济脱钩,要对中国进行更严格的技术管控,但中美之间的贸易额在 2020 年前三个季度依然逆势上扬。中国海关总署 2020 年 10 月 13 日公布的数据显示,前三季度中美贸易总值 2.82 万亿元(人民

---

① 《中共中央关于党的百年奋斗重大成就和历史经验的决议》,《人民日报》2021 年 11 月 17 日,第 01 版。

② 中共中央马克思恩格斯列宁斯大林著作编译局编译《马克思恩格斯选集》第一卷,人民出版社,2012,第 168 页。

③ 习近平:《在纪念马克思诞辰 200 周年大会上的讲话》,人民出版社,2018,第 22 页。

币,下同),同比增长 2%。其中,中国对美出口额 2.18 万亿元,增长 1.8%;自美进口 6408.6 亿元,增长 2.8%。①习近平总书记说:"我们要站在世界历史的高度审视当今世界发展趋势和面临的重大问题……在更多领域、更高层面上实现合作共赢、共同发展,不依附别人、更不掠夺别人,同各国人民一道努力构建人类命运共同体,把世界建设得更加美好。"②这恰恰是我们共产党人胸怀天下的情怀。

---

① 《前三季度,中美贸易总值 2.82 万亿元人民币》,光明网:2020 年 10 月 13 日,https://m.gmw.cn/baijia/2020-10/13/1301665884.html,访问时间:2022 年 5 月 24 日。
② 习近平:《在纪念马克思诞辰 200 周年大会上的讲话》,人民出版社,2018,第 22—23 页。

第四章
中国式现代化的本质要求

党的二十大报告指出,中国式现代化的本质要求是:坚持中国共产党领导,坚持中国特色社会主义,实现高质量发展,发展全过程人民民主,丰富人民精神世界,实现全体人民共同富裕,促进人与自然和谐共生,推动构建人类命运共同体,创造人类文明新形态[①]。这一论断包含着丰富要求。

一、坚持中国共产党的领导

(一)中国共产党的党代会一以贯之地推进着现代化的历史进程

一百多年来,中国共产党一直致力于追求国家的现代化。从党的七大到二十大,除了党的九大、十大等少数党的代表大会之外,党

---

① 习近平:《高举中国特色社会主义伟大旗帜 为全面建设社会主义现代化国家而团结奋斗——在中国共产党第二十次全国代表大会上的报告(2022年10月16日)》,人民出版社,2022,第23—24页。

的代表大会的报告都一以贯之地强调社会主义现代化问题。1945年4月,毛泽东同志在向党的七大提交的书面报告《论联合政府》中明确提出:"中国工人阶级的任务,不但是为着建立新民主主义的国家而斗争,而且是为着中国的工业化和农业近代化而斗争。"[1]1956年刘少奇同志在《在中国共产党第八次全国代表大会上的政治报告》中指出:"使我们的国家由落后的农业国变为先进的工业国","为了完成国家的工业化,三个五年计划的时间是必要的,或者还需要更多一点时间。"[2]1964年12月至1965年1月,第三届全国人民代表大会第一次会议召开,根据毛泽东同志提议,会议正式确定了在20世纪末实现农业、工业、国防和科学技术现代化的目标。尽管后来发生了"文化大革命",当时提出的"四个现代化"建设没有完全展开,但从工业化这"一化"到"三化"再到"四化",中国式现代化的历史画卷徐徐展开。

进入改革开放和社会主义现代化建设新时期,1982年9月党的十二大召开。十二大报告的题目就是:全面开创社会主义现代化建设的新局面。这个报告明确指出,中国共产党在新的历史时期的总任务是:团结全国各族人民,自力更生,艰苦奋斗,逐步实现工业、农业、国防和科学技术现代化,把我国建设成为高度文明、高度民主的社会主义国家。1987年10月召开的党的十三大要求必须集中力量进行现代化建设,为把我国建设成为富强、民主、文明的社会主义现代化国家而奋斗。1992年10月召开的党的十四大提出:"到下世纪中叶建国一百周年的时候,就能够达到第三步发展目标,基

---

[1] 《毛泽东选集》第三卷,人民出版社,1991,第1081页。
[2] 刘少奇:《中国共产党中央委员会向第八次全国代表大会的政治报告》,《人民日报》1956年9月17日,第01版。

本实现社会主义现代化。"①1997年9月召开的党的十五大指出了社会主义初级阶段与现代化的关系,指出:社会主义初级阶段,是逐步摆脱不发达状态,基本实现社会主义现代化的历史阶段。2002年11月召开的党的十六大进一步丰富了对现代化目标的认识,提出:到本世纪中叶基本实现现代化,把我国建成富强民主文明的社会主义国家。2007年10月召开的党的十七大要求全党抓住和用好重要战略机遇期,求真务实,锐意进取,继续全面建设小康社会、加快推进社会主义现代化,完成时代赋予的崇高使命。2012年11月召开的党的十八大指出:在新中国成立一百年时建成富强民主文明和谐的社会主义现代化国家。

党的十八大之后,中国特色社会主义进入新时代。以习近平同志为核心的党中央牢牢扭住现代化建设,不断从理论上和实践上推进中国式现代化。2017年10月召开的党的十九大对全面建成小康社会之后的现代化目标作了系统科学擘画。大会报告指出:综合分析国际国内形势和我国发展条件,从二〇二〇年到本世纪中叶可以分两个阶段来安排。第一个阶段,从二〇二〇年到二〇三五年,在全面建成小康社会的基础上,再奋斗十五年,基本实现社会主义现代化。第二个阶段,从二〇三五年到本世纪中叶,在基本实现现代化的基础上,再奋斗十五年,把我国建成富强民主文明和谐美丽的社会主义现代化强国。2020年10月,党的十九届五中全会通过的《中共中央关于制定国民经济和社会发展第十四个五年规划和二〇三五年远景目标的建议》具体地描绘了2035年的目标:我国经济实力、科技实力、综合国力将大幅跃升,经济总量和城乡居民人均

---

① 《中国共产党第十四次全国代表大会文件汇编》,人民出版社,1992,第55页。

收入将再迈上新的大台阶,关键核心技术实现重大突破,进入创新型国家前列;基本实现新型工业化、信息化、城镇化、农业现代化,建成现代化经济体系;基本实现国家治理体系和治理能力现代化,人民平等参与、平等发展权利得到充分保障,基本建成法治国家、法治政府、法治社会;建成文化强国、教育强国、人才强国、体育强国、健康中国,国民素质和社会文明程度达到新高度,国家文化软实力显著增强;广泛形成绿色生产生活方式,碳排放达峰后稳中有降,生态环境根本好转,美丽中国建设目标基本实现;形成对外开放新格局,参与国际经济合作和竞争新优势明显增强;人均国内生产总值达到中等发达国家水平,中等收入群体显著扩大,基本公共服务实现均等化,城乡区域发展差距和居民生活水平差距显著缩小;平安中国建设达到更高水平,基本实现国防和军队现代化;人民生活更加美好,人的全面发展、全体人民共同富裕取得更为明显的实质性进展。

2022年10月召开的党的二十大对中国式现代化的性质、特征、蓝图以及实现路径都作了十分系统的阐述,强调了中国式现代化是中国共产党领导的社会主义现代化,有各国现代化的共同特征,更有基于自己国情的中国特色;不仅强调了中国式现代化的五个方面的鲜明特点,还强调了未来15年和30年的目标。与党的十九届五中全会通过的《中共中央关于制定国民经济和社会发展第十四个五年规划和二〇三五年远景目标的建议》相比较,党的二十大报告对2035年的展望有很多新的内容:强调人均国内生产总值达到中等发达国家水平,实现高水平科技自立自强,形成新发展格局,全过程人民民主制度更加健全,居民人均可支配收入再上新台阶,农村基本具备现代生活条件,国际安全体系和能力全面加强。可以说,二十大更全面地描绘了2035年的远景目标,更具体,更激动人心。二十大报告丰富了对于到本世纪中叶社会主义现代化强国内涵的认识,提出:把我国建设成为综合国力和国际影响力领先的社会主义现代化强国。二十大报告还确定了未来五年全面建设社会主义现代化国家开局起步关键时期的目标:经济高质量发展取得新突破,科技自立自强能力显著提升;改革开放迈出新步伐,更高水平开放型经济新体制基本形成;全过程人民民主制度化、规范化、程序化水平进一步提高;人民精神生活更加丰富;美丽中国建设成效显著;平安中国建设扎实推进;等等。

(二)中国共产党一以贯之地清晰地描绘着现代化的蓝图

在社会主义革命和建设时期,毛泽东思想阐明了工业、农业、国防、科学技术现代化的"四个现代化"蓝图。在改革开放和社会主义现代化建设新时期,中国特色社会主义理论体系阐明了富强民主文明和谐的社会主义现代化国家的蓝图,习近平新时代中国特色社会主义思想阐明了富强民主文明和谐美丽的社会主义现代化国家的蓝图。

党的二十大报告对中国式现代化 2049 年、2035 年和 2027 年的蓝图进行了科学描绘。这种描绘采用的方法,可以用习近平总书记 2018 年 8 月在推进"一带一路"建设工作 5 周年座谈会上讲的一段话来概括。习近平总书记指出,过去几年共建"一带一路"完成了总体布局,绘就了一幅"大写意",今后要聚焦重点、精雕细琢,共同绘制好精谨细腻的"工笔画"。"大写意"和"工笔画"是主要的两种方法,除此之外还有"透视法"。

第一,以"大写意"描绘了 2049 年的蓝图。

党的二十大报告指出,全面建成社会主义现代化强国,总的战略安排是分两步走:从二〇二〇年到二〇三五年基本实现社会主义现代化；从二〇三五年到本世纪中叶把我国建成富强民主文明和谐美丽的社会主义现代化强国。

报告还指出：在基本实现现代化的基础上，我们要继续奋斗，到本世纪中叶，把我国建设成为综合国力和国际影响力领先的社会主义现代化强国。

可以看出，到本世纪中叶，中国不仅会成为富强民主文明和谐美丽的社会主义现代化强国，而且会成为综合国力和国际影响力领先的社会主义现代化强国。富强民主文明和谐美丽的社会主义现代化强国，阐述的是什么样的强国。综合国力和国际影响力领先的社会主义现代化强国，阐明的是这一强国的世界影响力是什么。这种描述就是"大写意"的。二十大报告中提出了建设13个方面的强国：富强的强国、民主的强国、文明强国、和谐强国、美丽强国，还有制造强国、质量强国、航天强国、交通强国、网络强国、农业强国、教育强国、科技强国、人才强国、贸易强国、文化强国、海洋强国、体育强国。这些强国的提出是带有极大创造性的，具有写意性的。

什么是民主强国？不断完善人民代表大会制度，这一制度的建立在中国政治发展史乃至世界政治发展史上都是具有划时代意义的，是中国人民在人类政治制度史上的伟大创造。不断发展社会主义协商民主。协商民主是中国社会主义民主政治中独特的、独有的、独到的民主形式，是中国对人类政治文明的巨大贡献，既尊重多数人的意愿，又照顾少数人的合理要求。

什么是文明强国？文明强国是什么？中国之所以被称为世界文明古国，一个重要原因就是中国古代大思想家辈出，给人类创造了无数辉煌的思想。2014年3月，在中法建交50周年纪念大会上的讲话中，习近平主席指出：中国和法国都是有着独特文明的古老国度,"老子、孔子、墨子、孟子、庄子等中国诸子百家学说至今仍然具有世界性的文化意义,声名远扬的法国思想家们为全人类提供了宝贵精神财富。"①2018年3月,在第十三届全国人民代表大会第一次会议上的讲话中,习近平总书记再次指出:"在几千年历史长河中,中国人民始终辛勤劳作、发明创造,我国产生了老子、孔子、庄子、孟子、墨子、孙子、韩非子等闻名于世的伟大思想巨匠。"②习近平总书记在2021年9月中央人才工作会议上的讲话中指出:"要培养造就大批哲学家、社会科学家、文学艺术家等各方面人才。"

第二,以"工笔画"描绘了2035年的蓝图。

党的十九大报告第一次描绘了到2035年的蓝图:从二〇二〇年到二〇三五年,在全面建成小康社会的基础上,再奋斗十五年,基本实现社会主义现代化。到那时,我国经济实力、科技实力将大幅跃升,跻身创新型国家前列;人民平等参与、平等发展权利得到充分保障,法治国家、法治政府、法治社会基本建成,各方面制度更加完善,国家治理体系和治理能力现代化基本实现;社会文明程度达到新的高度,国家文化软实力显著增强,中华文化影响更加广泛深入;人民生活更为宽裕,中等收入群体比例明显提高,城乡区域发展差距和居民生活水平差距显著缩小,基本公共服务均等化基本实现,全体人民共同富裕迈出坚实步伐;现代社会治理格局基本形成,社会充满活力又和谐有序;生态环境根本好转,美丽中国目标基本实现。

---

① 习近平:《出席第三届核安全峰会并访问欧洲四国和联合国教科文组织总部、欧盟总部时的演讲》,人民出版社,2014,第20页。

② 习近平:《在第十三届全国人民代表大会第一次会议上的讲话》,人民出版社,2018,第3页。

2020年10月,党的十九届五中全会通过的《中共中央关于制定国民经济和社会发展第十四个五年规划和二〇三五年远景目标的建议》进一步描绘了2035年的蓝图:"展望二〇三五年,我国经济实力、科技实力、综合国力将大幅跃升,经济总量和城乡居民人均收入将再迈上新的大台阶,关键核心技术实现重大突破,进入创新型国家前列;基本实现新型工业化、信息化、城镇化、农业现代化,建成现代化经济体系;基本实现国家治理体系和治理能力现代化,人民平等参与、平等发展权利得到充分保障,基本建成法治国家、法治政府、法治社会;建成文化强国、教育强国、人才强国、体育强国、健康中国,国民素质和社会文明程度达到新高度,国家文化软实力显著增强;广泛形成绿色生产生活方式,碳排放达峰后稳中有降,生态环境根本好转,美丽中国建设目标基本实现;形成对外开放新格局,参与国际经济合作和竞争新优势明显增强;人均国内生产总值达到中等发达国家水平,中等收入群体显著扩大,基本公共服务实现均等化,城乡区域发展差距和居民生活水平差距显著缩小;平安中国建设达到更高水平,基本实现国防和军队现代化;人民生活更加美好,人的全面发展、全体人民共同富裕取得更为明显的实质性进展。"①

2020年绘制的蓝图与2017年的蓝图相比,有很多的不同,具体表现为八个方面:

综合国力将大幅跃升,经济总量和城乡居民人均收入将再迈上新的大台阶;关键核心技术实现重大突破,基本实现新型工业化、信息化、城镇化、农业现代化,建成现代化经济体系;建成文化强国、教育强国、人才强国、体育强国、健康中国,国民素质达到新高度;广泛

---

① 中共中央党史和文献研究院编,《十九大以来重要文献选编》(中),中央文献出版社,2021,第789—790页。

形成绿色生产生活方式,碳排放达峰后稳中有降;形成对外开放新格局,参与国际经济合作和竞争新优势明显增强;人均国内生产总值达到中等发达国家水平;平安中国建设达到更高水平,基本实现国防和军队现代化;人的全面发展、全体人民共同富裕取得更为明显的实质性进展。

党的二十大报告指出,到二〇三五年,我国发展的总体目标是:经济实力、科技实力、综合国力大幅跃升,人均国内生产总值迈上新的大台阶,达到中等发达国家水平;实现高水平科技自立自强,进入创新型国家前列;建成现代化经济体系,形成新发展格局,基本实现新型工业化、信息化、城镇化、农业现代化;基本实现国家治理体系和治理能力现代化,全过程人民民主制度更加健全,基本建成法治国家、法治政府、法治社会;建成教育强国、科技强国、人才强国、文化强国、体育强国、健康中国,国家文化软实力显著增强;人民生活更加幸福美好,居民人均可支配收入再上新台阶,中等收入群体比重明显提高,基本公共服务实现均等化,农村基本具备现代生活条件,社会保持长期稳定,人的全面发展、全体人民共同富裕取得更为明显的实质性进展;广泛形成绿色生产生活方式,碳排放达峰后稳中有降,生态环境根本好转,美丽中国目标基本实现;国家安全体系和能力全面加强,基本实现国防和军队现代化。

二十大报告与十九届五中全会的描绘相比,又大大前进了,表现在八个方面:实现高水平科技自立自强,形成新发展格局,全过程人民民主制度更加健全,建成科技强国,居民人均可支配收入再上新台阶,农村基本具备现代生活条件,社会保持长期稳定,国家安全体系和能力全面加强。

到 2035 年明确提出要建成的有:教育强国、科技强国、人才强国、文化强国、体育强国。

二十大报告中提出了建设五个方面的中国：数字中国（加快建成）、法治中国（基本建成）、健康中国（建成）、平安中国（达到更高水平）、美丽中国（基本建成）。这些到 2035 年都要建成或者基本建成。关于数字中国：2021 年 12 月，中央网络安全和信息化委员会印发《"十四五"国家信息化规划》，对我国"十四五"时期信息化发展作出部署安排。规划提出，到 2025 年，数字中国建设取得决定性进展，信息化发展水平大幅跃升。数字基础设施体系更加完备，数字技术创新体系基本形成，数字经济发展质量效益达到世界领先水平，数字社会建设稳步推进，数字政府建设水平全面提升，数字民生保障能力显著增强，数字化发展环境日臻完善。

二十大报告提出了五个方面的"型"：进入创新型国家前列；推动建设开放型世界经济；形成高水平开放型经济新体制；建设全民终身学习的学习型社会、学习型大国；建设马克思主义学习型政党。学习型意味着什么？第一，通过学习，不断丰富知识。2016 年 10 月 27 日中国共产党第十八届中央委员会第六次全体会议通过的《关于新形势下党内政治生活的若干准则》就讲道："适应时代进步和事业发展要求，广泛学习经济、政治、文化、社会、生态文明以及哲学、历史、法律、科技、国防、国际等各方面知识，提高战略思维、创新思维、辩证思维、法治思维、底线思维能力，提高领导能力专业化水平。"[①]第二，通过学习，不断提高去伪存真的能力。第三，通过学习，提高分析问题和解决问题的能力。

第三，以细腻的笔触描绘了未来五年即到 2027 年的现代化

---

① 《关于新形势下党内政治生活的若干准则》，人民出版社，2016，第 8 页。

蓝图。

未来五年是全面建设社会主义现代化国家开局起步的关键时期,主要目标任务是:经济高质量发展取得新突破,科技自立自强能力显著提升,构建新发展格局和建设现代化经济体系取得重大进展;改革开放迈出新步伐,国家治理体系和治理能力现代化深入推进,社会主义市场经济体制更加完善,更高水平开放型经济新体制基本形成;全过程人民民主制度化、规范化、程序化水平进一步提高,中国特色社会主义法治体系更加完善;人民精神文化生活更加丰富,中华民族凝聚力和中华文化影响力不断增强;居民收入增长和经济增长基本同步,劳动报酬提高与劳动生产率提高基本同步,基本公共服务均等化水平明显提升,多层次社会保障体系更加健全;城乡人居环境明显改善,美丽中国建设成效显著;国家安全更为巩固,建军一百年奋斗目标如期实现,平安中国建设扎实推进;中国国际地位和影响进一步提高,在全球治理中发挥更大作用。

该蓝图的描述方法还有诸多特点。两个新:新突破、新步伐;三个显:显著提升、明显提升、成效显著。六个更:两个更加完善、更加丰富、更加健全、更为巩固、更大作用。还有两个进一步提高。这种描述特别细腻,有一种层次感。

这些蓝图有三个特点:

第一,运用了透视法来进行蓝图描绘。例如2035年的蓝图多次出现"台阶":人均国内生产总值迈上新的大台阶,居民人均可支配收入再上新台阶。上台阶意味着至少迈上一个台阶,也就是翻一番。例如提出达到中等发达国家水平。什么是中等发达国家?外交部网站2018年10月介绍西班牙时指出:西班牙是中等发达的资本主义工业国,人均国内生产总值23970欧元。2019年11月对希腊的介绍是:希腊属欧盟经济中等发达国家之一,人均国内生产总值1.7万欧元。

第二,是在对现代化客观规律深刻把握基础上描绘出来的。这些蓝图是把握现代化一般规律、社会主义现代化普遍规律和中国社会主义现代化特殊规律的结果,是中国式现代化实践的理论结晶。

第三,是能够激发人民主观能动性、创造力的蓝图。这些蓝图给一个民族、一个国家以巨大的奋斗空间,能够激荡人心。这些蓝图给广大人民群众以冲天的干劲,使人民群众有努力的方向。

(三)中国共产党一以贯之地丰富和发展着中国式现代化的理论宝库

党的二十大报告指出,在新中国成立特别是改革开放以来长期探索和实践基础上,经过十八大以来在理论和实践上的创新突破,我们党成功推进和拓展了中国式现代化。从毛泽东思想到中国特色社会主义理论体系,再到习近平新时代中国特色社会主义思想,都包含着对中国式现代化理论的深入探索。

毛泽东思想是马克思主义中国化时代化第一次历史性飞跃的理论成果,包含着丰富的现代化思想。这包括:第一,清晰地描绘了"四个现代化"的蓝图。毛泽东同志曾在中共八届中央委员会三中全会(扩大)上提出"必须实行工业与农业同时并举,逐步建立现代化的工业和现代化的农业。"[1]同年,毛泽东同志指出:"我们一定会建设一个具有现代工业、现代农业和现代科学文化的社会主义国

---

[1] 中共中央文献研究室编《建国以来重要文献选编》第十册,中央文献出版社,1994,第604页。

家。"①1959年,毛泽东同志进一步强调要在工业现代化、农业现代化、科学文化现代化的基础上加上国防现代化。1964年底,周恩来同志在政府工作报告中正式提出"四个现代化"的战略目标。他指出,要在不太长的历史时期内,把我国建设成为一个具有现代农业、现代工业、现代国防和现代科学技术的社会主义强国。第二,在社会主义现代化进程中要正确处理好人民内部矛盾。毛泽东同志强调:凡属于思想性质的问题,凡属于人民内部的争论问题,只能用民主的方法去解决,只能用讨论的方法、批评的方法、说服教育的方法去解决,而不能用强制的、压服的方法去解决。第三,正确处理好社会主义现代化建设中的十大关系。毛泽东同志指出要解决好我国社会主义建设中带有全局性的十个问题,即十大关系:重工业和轻工业、农业的关系;沿海工业和内地工业的关系;经济建设和国防建设的关系;国家、生产单位和生产者个人的关系;中央和地方的关系;汉族和少数民族的关系;党和非党的关系;革命和反革命的关系;是非关系;中国和外国的关系。

中国特色社会主义理论体系是马克思主义中国化时代化第二次飞跃的理论成果,包含着一系列重要的现代化论断。这包括:第一,正式提出了"中国式的现代化"这一概念。1979年3月,邓小平同志首次提出了"中国式的四个现代化"的新表述。3月23日,邓小平同志在中共中央政治局会议上把他新提出的"中国式的四个现代化"概括为"中国式的现代化"。邓小平同志明确强调:"现在搞建设,也要适合中国情况,走出一条中国式的现代化道路。"②20世纪

---

① 中共中央文献研究室编《建国以来重要文献选编》第十册,中央文献出版社,1994,第111页。

② 《邓小平文选》第二卷,人民出版社,1994,第163页。

80年代中期,邓小平同志基于中国实际与时代特征提出了现代化建设的"三步走"战略,并且首次提出了到21世纪中叶基本实现现代化的发展目标。第一步,到1990年,实现国民生产总值比1980年翻一番,解决人民的温饱问题。第二步,到20世纪末,使国民生产总值再增长一倍,人民生活达到小康水平。第三步,到21世纪中叶,人均国民生产总值达到中等发达国家水平,人民生活比较富裕,基本实现现代化。第二,提出新"三步走"战略,将现代化的目标确定为到21世纪中叶基本实现现代化、建成富强民主文明的社会主义国家。到2010年,使人民的小康生活更加宽裕,形成比较完善的社会主义市场经济体制;到2020年,全面建设惠及十几亿人口的更高水平的小康社会;到21世纪中叶基本实现现代化。第三,正确处理社会主义现代化建设中的若干重大关系。这就是:改革、发展、稳定的关系;速度和效益的关系;经济建设和人口、资源、环境的关系;第一、二、三产业的关系;东部地区和中西部地区的关系;市场机制和宏观调控的关系;公有制经济和其他经济成份的关系;收入分配中国家、企业和个人的关系;扩大对外开放和坚持自力更生的关系;中央和地方的关系;国防建设和经济建设的关系;物质文明建设和精神文明建设的关系。这是社会主义现代化建设的过程中若干带有全局性的重大关系。第四,不断探索现代化的规律。2009年9月,十七届中共中央政治局就新中国成立以来对社会主义现代化的认识和实践进行了第十六次集体学习,学习聚焦新中国成立60年我们党对社会主义现代化的探索。在主持学习时,胡锦涛同志指出:"要坚持解放思想、实事求是、与时俱进,着力探索和把握我国社会主义现代化规律。我国社会主义现代化建设是在我国具体国情的基础上和时代发展的条件下进行的,这就要求我们既要深刻认识和把握现代化的一般规律和社会主义现代化的普遍规律，又要深刻认识和把握我国社会主义现代化的特殊规律。"①在进入新世纪后，我们坚持党的思想路线，发扬求真务实精神，从我国实际出发，坚持不懈地探索和把握我国社会主义现代化规律，不断创造性地研究和解决改革开放和社会主义现代化建设中的重大理论和实践问题，特别是解决现代化建设中的统筹兼顾问题。党的十七大报告提出要统筹中央和地方关系，统筹个人利益和集体利益、局部利益和整体利益、当前利益和长远利益，统筹国内国际两个大局，这些方面的统筹拓展了我们党对社会主义建设规律的认识。

习近平新时代中国特色社会主义思想是马克思主义中国化时代化新飞跃的理论成果，包含着重要的系统原创性现代化观。这一现代化观包括：第一，世界上既不存在定于一尊的现代化模式，也不存在放之四海而皆准的现代化标准，不能用西方现代化的已有模式去框定后发国家现代化的道路，各国的现代化道路应该由本国人民自己选择，由本国人民去创造，任何想用自己的现代化的模式去塑造和定制他国现代化模式的做法都是错误的。第二，中国式现代化是一个接力奋进的历史进程，是一代人接着一代人去努力的过程，"从第一个五年计划到第十四个五年规划，一以贯之的主题就是把我国建设成为社会主义现代化国家。我们走过弯路，也遭遇过一些意想不到的困难和挫折，但建设社会主义现代化国家的意志和决心始终没有动摇"②。第三，中国式现代化有五个显著特征，我国现代化是人口规模巨大的现代化，是全体人民共同富裕的现代化，是物

---

① 《胡锦涛在中共中央政治局第十六次集体学习时强调　继续探索把握社会主义现代化规律　更好把社会主义现代化推向前进》，《人民日报》2009年9月10日，第01版。
② 习近平：《习近平谈治国理政》第四卷，外文出版社，2022，第153页。

质文明和精神文明相协调的现代化,是人与自然和谐共生的现代化,是走和平发展道路的现代化;反观西方的现代化不仅是物质主义膨胀的现代化和两极分化的现代化,而且是殖民掠夺的现代化,老牌资本主义国家无一例外都是走了暴力掠夺殖民地的现代化道路,这一道路是以其他国家落后为代价而换来的现代化,党的二十大报告明确指出:"我国不走一些国家通过战争、殖民、掠夺等方式实现现代化的老路,那种损人利己、充满血腥罪恶的老路给广大发展中国家人民带来深重苦难。"①第四,中国式现代化不是国外现代化发展翻版,是在借鉴其他国家现代化基础之上的创新版。从历史进程看,我国现代化同西方发达国家有很大不同,一个是"串联式",一个是"并联式"。这一点,习近平总书记阐述得很清晰。他指出:西方发达国家是一个"串联式"的发展过程,工业化、城镇化、农业现代化、信息化顺序发展,发展到目前水平用了二百多年时间。我们要后来居上,把"失去的二百年"找回来,决定了我国发展必然是一个"并联式"的过程,工业化、信息化、城镇化、农业现代化是叠加发展的。"串联式"的发展过程形成的问题可以有一个较大的时空进行解决,而"并联式"的发展过程形成的问题往往积压在同一个时空中,问题解决的难度难以想象。总之,中国式现代化既切合中国实际,体现了社会主义建设规律,也体现了人类社会发展规律,为发展中国家走向现代化提供了全新选择。

(四)中国共产党一以贯之地确保我国社会主义现代化建设正确方向

中国社会主义现代化建设方向问题始终是一个关乎中国式现

---

① 《中国共产党第二十次全国代表大会文件汇编》,人民出版社,2022,第19页。

代化兴衰成败的大问题。改革开放以来,中国式现代化事业的推进面临着很多复杂的难题,尤其是那些想诱导中国式现代化离开正确方向的思潮纷纭复杂。我们党始终清醒地把握着正确的方向,使现代化既没有回到老路上,也没有走到邪路、歧路上。

改革开放之初,社会上出现一种思潮,崇拜西方资本主义国家的自由民主,甚至希望中国走西方的现代化道路。现代化是有社会制度之分的,主要的就是社会主义现代化和资本主义现代化的区别。这一点,国外一些学者也是承认的。A. R. 德赛在《重新评价"现代化"概念》一文中就说过:"正如彼得·沃斯利正确指出的,现代化本身不像任何其他事物,它既有采用资本主义路线的现代化,也有采用社会主义路线的现代化,它们各自具有不同的含义。"①中国推进的现代化是社会主义现代化,不能走资本主义现代化的老路。一旦走上资本主义现代化的道路,中国要么成为四分五裂的国家,要么成为西方国家的附庸。A. R. 德赛就强调,"第三世界"在过去22年中试图通过资本主义发展道路来使自己现代化,但是结果怎样呢?"冈纳·缪尔达尔的《亚洲的戏剧》、范农的《地球上不幸的人》、彼得·沃斯利的《第三世界》、霍罗威茨对第三世界二十年来发展的研究,以及像冈达·弗兰克对拉丁美洲'欠发展的发展'所作调查的结果,像艾森斯塔特等社会学家所作的研究,都表明这些国家所采取的资本主义现代化道路正将它们引向一个特殊的'不由自主的'趋势,也就是'现代化的中断'。"②1961年范农(法农)在其《地球

---

① 塞缪尔·亨廷顿等著:《现代化:理论与历史经验的再探讨》,上海译文出版社,1993,第40页。
② 塞缪尔·亨廷顿等著:《现代化:理论与历史经验的再探讨》,上海译文出版社,1993,第45页。

上不幸的人》中做出了他最有预见性的评论——新独立的社会会因为民族主义而陷入蒙昧,就像阿尔及利亚——的确,其他非洲国家也一样——在不到十年后即将证明的那样,这个预言成真了。A. R. 德赛指出,"沃特海姆教授总结了这一严酷的困境,提出这个重要问题:'欠发达国家能自己实现现代化吗?能依靠'与强者打赌'的策略冲破贫困的恶性循环吗?'" A. R. 德赛说:"这是一个具有世界历史意义的至关重要的难题。"

进入中国特色社会主义新时代,两种意识形态、两种社会制度的历史较量更加激烈,两种现代化道路的竞争也更加激烈。当地时间2022年11月14日下午,国家主席习近平在印度尼西亚巴厘岛同美国总统拜登举行会晤时说:美国搞的是资本主义,中国搞的是社会主义,双方走的是不同的路。这种不同不是今天才有的,今后还会继续存在。中国共产党领导和中国社会主义制度得到14亿人民拥护和支持,是中国发展和稳定的根本保障。中美相处很重要一条就是承认这种不同,尊重这种不同,而不是强求一律,试图去改变甚至颠覆对方的制度。

一些西方国家的政要总是试图把中国的现代化纳入西方现代化的轨道之中,但新时代中国共产党始终牢牢把握着中国式现代化建设的正确方向。

第一,党的领导保证了全面深化改革的正确方向。

社会主义现代化建设的动力和活力来自改革开放,但改革开放是有方向、有立场、有原则的。我们党领导的改革是全面改革,我们不断推进改革,是为了党和人民的事业更好地发展,是为了更顺利地推进中国特色社会主义现代化建设事业,而不是为了迎合某些人的"掌声",更不能把西方的理论、观点生搬硬套在自己身上,"要从我国国情出发、从经济社会发展实际出发,有领导有步骤推进改革,不求轰动效应,不做表面文章,始终坚持改革开放正确方向"①。这一正确方向就是社会主义方向,就是不断完善中国特色社会主义制度。2018年12月,在庆祝改革开放40周年大会上的讲话中,习近平总书记指出:"前进道路上,我们必须坚持以新时代中国特色社会主义思想和党的十九大精神为指导,增强'四个自信',牢牢把握改革开放的前进方向。改什么、怎么改必须以是否符合完善和发展中国特色社会主义制度、推进国家治理体系和治理能力现代化的总目标为根本尺度,该改的、能改的我们坚决改,不该改的、不能改的坚决不改。"②

第二,党的领导保证了新发展理念能够得到正确贯彻落实。

从根本宗旨把握新发展理念,保证发展始终以人民为中心,而不是以资本为中心。习近平总书记指出:人民是我们党执政的最深厚基础和最大底气。为人民谋幸福、为民族谋复兴,这既是我们党领导现代化建设的出发点和落脚点,也是新发展理念的"根"和"魂"。只有坚持以人民为中心的发展思想,坚持发展为了人民、发展依靠人民、发展成果由人民共享,才会有正确的发展观、现代化观。苏联是世界上第一个社会主义国家,取得过辉煌成就,但后来失败了、解体了,其中一个重要原因是苏联共产党脱离了人民,成为一个只维护自身利益的特权官僚集团。即使是实现了现代化的国家,如果执政党背离人民,也会损害现代化成果。更重要的是会损害人民群众对现代化成果的共享。

从马克思主义政治经济学把握新发展理念。贯彻新发展理念,

---

① 习近平:《论坚持全面深化改革》,中央文献出版社,2018,第57页。
② 习近平:《论坚持全面深化改革》,中央文献出版社,2018,第516-517页。

推进供给侧结构性改革,全面推进社会主义现代化经济建设,应当始终以马克思主义政治经济学和中国特色社会主义政治经济学为指导,不能搞"新自由主义"。一旦搞"新自由主义",中国的现代化就会被葬送,必然会走上歧路。习近平总书记指出:"我要讲清楚,我们讲的供给侧结构性改革,同西方经济学的供给学派不是一回事,不能把供给侧结构性改革看成是西方供给学派的翻版,更要防止有些人用他们的解释来宣扬'新自由主义',借机制造负面舆论。"①供给学派强调的重点是减税,只注重供给而忽视需求,只注重市场功能而忽视政府作用。我们讲的供给侧结构性改革,既强调供给又关注需求,既突出发展社会生产力又注重完善生产关系,既发挥市场在资源配置中的决定性作用又更好发挥政府作用,既着眼当前又立足长远。最关键的是我们强调的供给侧结构性改革目的是更好地满足人民群众日益增长的美好生活的需要,而不是像供给学派那样是为了少数人的利益。

第三,党的领导保证了现代化进程中政治建设正确的方向。

有的国家的现代化在西方政治价值观念鼓捣下,整天乱哄哄的。习近平总书记指出:"我们有些人甚至党内有的同志却没有看清这里面暗藏的玄机,认为西方'普世价值'经过了几百年,为什么不能认同?西方一些政治话语为什么不能借用?接受了我们也不会有什么大的损失,为什么非要拧着来?有的人奉西方理论、西方话语为金科玉律,不知不觉成了西方资本主义意识形态的吹鼓手。"②西方的"普世价值"就是试图用西方多党制、议会制、三权鼎立来作为现代化的判断标准,认为不向这个目标发展的国家,就不

---

① 习近平:《习近平谈治国理政》第二卷,外文出版社,2017,第251页。
② 习近平:《在全国党校工作会议上的讲话》,《求是》2016年第9期。

能看作是现代化国家。对此,党的十九届六中全会通过的《中共中央关于党的百年奋斗重大成就和历史经验的决议》明确指出:"必须警惕和防范西方所谓'宪政'、多党轮流执政、'三权鼎立'等政治思潮的侵蚀影响。"①2014年2月,习近平总书记指出:"我国的实践向世界说明了一个道理:治理一个国家,推动一个国家实现现代化,并不只有西方制度模式这一条道,各国完全可以走出自己的道路来。"②2015年5月,习近平总书记进一步指出:"一些发展中国家照搬西方政治制度和政党制度模式,结果如何呢?很多国家陷入政治动荡、社会动乱,人民流离失所。"③

第四,党的领导保证了全面依法治国的正确方向。

我们党深刻认识到,依法治国对于一个国家的现代化生死攸关,没有法治,就无法实现国家的现代化。我们党强调,法治和人治问题是人类政治文明史上的一个基本问题,也是各国在实现现代化过程中必须面对和解决的一个重大问题。习近平总书记指出:"综观世界近现代史,凡是顺利实现现代化的国家,没有一个不是较好解决了法治和人治问题的。相反,一些国家虽然也一度实现快速发展,但并没有顺利迈进现代化的门槛,而是陷入这样或那样的'陷阱',出现经济社会发展停滞甚至倒退的局面。后一种情况很大程度上与法治不彰有关。"④

---

① 《中共中央关于党的百年奋斗重大成就和历史经验的决议》,《人民日报》2021年11月17日,第01版。
② 中共中央文献研究室编《习近平关于社会主义政治建设论述摘编》,中央文献出版社,2017,第7页。
③ 中共中央文献研究室编《习近平关于社会主义政治建设论述摘编》,中央文献出版社,2017,第19页。
④ 中共中央文献研究室编《习近平关于全面依法治国论述摘编》,中央文献出版社,2015,第12页。

同时，我们党还深刻认识到，法治是有方向的，全面依法治国必须坚持党的领导，走中国特色社会主义法治道路，决不能搞"西方宪政"那一套。习近平总书记一再强调：全面推进依法治国，必须走对路，如果路走错了，南辕北辙了，那再提什么要求和举措也都没有意义了，"全面推进依法治国这件大事能不能办好，最关键的是方向是不是正确、政治保证是不是坚强有力，具体讲就是要坚持党的领导，坚持中国特色社会主义制度，贯彻中国特色社会主义法治理论"①。走中国特色社会主义法治道路就要旗帜鲜明地反对西方那种"司法独立"和"宪政"思潮。习近平总书记指出："我们不能做西方理论的'搬运工'，而要做中国学术的创造者、世界学术的贡献者。一些外国政要也经常跟我谈'法治'，听下来他们认为法治只有一种模式，就是他们搞的那一套东西，不亦步亦趋跟他们搞就要被打入'异类'。"②一些外国政要所说的"法治"就是西方的那种维护资本利益、以资本为中心的"宪政民主"。

第五，党的领导以自我革命确保现代化不会陷入腐败陷阱。

缪尔达尔1968年出版《亚洲的戏剧——南亚国家贫困问题研究》一书，强调腐败对现代化的危害性。他认为，南亚国家的政权基本上都是"软政权"。"软政权"的一个突出特点是行政的随意性控制，那些掌握经济、社会和政治大权的人，利用随意性控制牟取暴利。即使制定了法律，也不被遵守、不易实施。在"软政权"中，制度、法律、规范、指令、条例等都是软约束，可以讨价还价，可以执行也可以不执行，有好处时执行，没有好处时不执行；有"关系"时执行，没有"关系"时不执行。"软政权"产生的一个结果就是大部分人

---

① 习近平：《论坚持全面依法治国》，中央文献出版社，2020，第91页。
② 习近平：《习近平论坚持全面依法治国》，中央文献出版社，2020，第176页。

都默认腐败是一种正常行为方式,可以为了自己的利益、家庭的利益或他觉得应当忠于的社会集团的利益来利用权力。缪尔达尔指出:腐败行为对任何实现现代化理想的努力都是极其有害的。腐败盛行造成了发展的强大障碍与抑制。

党的领导确保了干部清正、政府清廉、政治清明。十九大报告提出了反腐败斗争的实现机制路线图,即"只有以反腐败永远在路上的坚韧和执着,深化标本兼治,保证干部清正、政府清廉、政治清明,才能跳出历史周期率,确保党和国家长治久安"①。

进入中国特色社会主义新时代,我们党对腐败行为采取零容忍的态度。二十大报告指出:党的十八大以来,我们开展了史无前例的反腐败斗争,以"得罪千百人、不负十四亿"的使命担当祛疴治乱,不敢腐、不能腐、不想腐一体推进,"打虎""拍蝇""猎狐"多管齐下,反腐败斗争取得压倒性胜利并全面巩固,消除了党、国家、军队内部存在的严重隐患,确保党和人民赋予的权力始终用来为人民谋幸福。腐败是危害党的生命力和战斗力的最大毒瘤,反腐败是最彻底的自我革命。只要存在腐败问题产生的土壤和条件,反腐败斗争就一刻不能停,必须永远吹冲锋号。坚持不敢腐、不能腐、不想腐一体推进,同时发力、同向发力、综合发力。

反腐败斗争为中国式现代化的推进提供了两个方面的基础:第一,防止腐败蔓延使现代化举步维艰,使市场经济在资源配置中能够发挥决定性作用。二十大报告指出:以零容忍态度反腐惩恶,更加有力遏制增量,更加有效清除存量,坚决查处政治问题和经济问题交织的腐败,坚决防止领导干部成为利益集团和权势团体的代言

---

① 中共中央党史和文献研究院编《十九大以来重要文献选编》(上),中央文献出版社,2019,第 47 页。

人、代理人，坚决治理政商勾连破坏政治生态和经济发展环境问题，决不姑息。第二，消除腐败会大大减少社会的不公平现象，使广大民众的创业积极性更高。反腐败可以不断消除特权现象、特权行为，使公民的平等性大大加强。如果升学、考公务员、就业、上项目、谋职、晋级、出国等各种机会都要靠关系、搞门道，有背景的就能得到更多照顾，没有背景的再有本事也没有机会，就会严重影响社会公平正义，甚至带来严重问题。

二、坚持中国特色社会主义

中国式现代化坚持中国特色社会主义意味着这一现代化是始终走在中国特色社会主义道路上的现代化，是立足于中国特色社会主义事业之上的现代化。

(一) 中国特色社会主义保证了现代化的独立性

一个国家的现代化能否成功，取决于这个国家能否找到适合自己的发展道路。中国特色社会主义就是适合中国国情的理论和实践，是中国式现代化的根本基础。党的二十大报告指出："坚持中国特色社会主义道路。坚持以经济建设为中心，坚持四项基本原则，坚持改革开放，坚持独立自主、自力更生，坚持道不变、志不改，既不走封闭僵化的老路，也不走改旗易帜的邪路，坚持把国家和民族发展放在自己力量的基点上，坚持把中国发展进步的命运牢牢掌握在自己手中。"① 中国特色社会主义很大的一个特点就是能够充分保证国家和民族的独立，这恰恰是中国式现代化顺利推进的基础。

---

① 习近平：《高举中国特色社会主义伟大旗帜　为全面建设社会主义现代化国家而团结奋斗——在中国共产党第二十次全国代表大会上的报告(2022年10月16日)》，人民出版社，2022，第27页。

2014年8月,习近平总书记在纪念邓小平同志诞辰110周年座谈会上的讲话中指出:"中国特色社会主义是适合中国国情、符合中国特点、顺应时代发展要求的理论和实践,所以才能取得成功,并将继续取得成功。邓小平同志说:'特别是像我们这样第三世界的发展中国家,没有民族自尊心,不珍惜自己民族的独立,国家是立不起来的。'我们的国权,我们的国格,我们的民族自尊心,我们的民族独立,关键是道路、理论、制度的独立。"①当然,在今天,我们的独立还有中国特色社会主义文化的独立,道路、理论、制度、文化的独立既保证了国家和民族的独立,又使中国式现代化在自信自强中不断推进。

(二)中国特色社会主义"四个自信"为中国式现代化提供强大精神力量

中国式现代化是人类现代化历史上最为宏阔壮丽、激荡人心的事件,在今后的发展中必然会遇到从未有过的风险挑战,这就需要一种强大的精神力量,中国特色社会主义"四个自信"就是这种力量。

坚定道路自信就是要坚信中国特色社会主义道路是实现社会主义现代化、创造人民美好生活的必由之路,是实现中华民族伟大复兴的必由之路。这一道路,既坚持以经济建设为中心,又全面推进经济、政治、文化、社会、生态文明建设以及其他各方面建设;既坚持四项基本原则,又坚持改革开放;既不断解放和发展社会生产力,又逐步实现全体人民共同富裕、促进人的全面发展。这一道路的优

---

① 习近平:《在纪念邓小平同志诞辰110周年座谈会上的讲话》,《人民日报》2014年8月21日,第02版。

越性给我们增添着无穷力量,有了道路自信,中国式现代化道路就会越走越宽广。

坚定理论自信就是要坚信中国特色社会主义理论是指导我们顺利推进中国式现代化的正确理论,只有这一理论,没有别的理论,能够使中国式现代化实现自己的目标。中国特色社会主义理论,既坚持了马克思主义的世界观和方法论,坚持了马克思主义的立场观点方法,又推动了马克思主义基本原理同中国实际相结合、同中华优秀传统文化相结合,开辟了马克思主义中国化时代化的新境界,同时开拓了中国式现代化的理论新境界。有了理论自信,我们就能够不断解决中国式现代化进程中遇到的各种难题。

坚定制度自信就是要坚信中国特色社会主义制度是实现中国式现代化的根本制度保障。中国特色社会主义制度和国家治理体系是以马克思主义为指导、植根中国大地、具有深厚中华文化根基、深得人民拥护的制度和治理体系,是具有强大生命力和巨大优越性的制度和治理体系。这一制度为实现共同富裕、物质文明与精神文明协调发展、人与自然和谐共生以及和平发展提供了坚实的制度基础。有了制度自信,我们就能够不断完善使中国式现代化顺利推进的各种制度体系,特别是法治保障体系。

坚定文化自信就是要坚信中国特色社会主义文化积淀着中华民族最深层的精神追求,是中国人民实现中国式现代化的强大精神力量。这一文化深刻熔铸了五千多年中华文明发展中孕育的中华优秀传统文化、党和人民伟大斗争中孕育的革命文化、红色文化和社会主义先进文化。一个国家没有文化自信,就不可能真正实现现代化。中国式现代化进程中蕴含着醇厚的文化自信,有了文化自信,我们就能够以更加豪迈的历史主动精神奋力推进中国式现代化的发展。

三、协调推进五大建设

中国式现代化是紧紧围绕"五位一体"总体布局展开的。这就要求我们在推进中国式现代化的过程中实现高质量发展,发展全过程人民民主,丰富人民精神世界,实现全体人民共同富裕,促进人与自然和谐共生。

(一)高质量发展是全面建设社会主义现代化国家的首要任务

没有坚实的物质技术基础,就不可能全面建成社会主义现代化强国。高质量发展包括着丰富内容:构建高水平社会主义市场经济体制,建设高标准市场体系;建设现代化产业体系,加快建设制造强国、质量强国、航天强国、交通强国、网络强国、数字中国;加快建设农业强国,扎实推动乡村产业、人才、文化、生态、组织振兴;深入实施区域协调发展战略、区域重大战略、主体功能区战略、新型城镇化战略,优化重大生产力布局,构建优势互补、高质量发展的区域经济布局和国土空间体系;推进高水平对外开放,发展数字贸易,加快建设贸易强国。还要强化教育、科技、人才发展,因为这三者是全面建设社会主义现代化国家的基础性、战略性支撑,为此要加快建设教育强国、科技强国、人才强国。

(二)人民民主是社会主义的生命,是全面建设社会主义现代化国家的应有之义

我们党一直强调,没有民主,就没有社会主义,就没有社会主义现代化。在今天,我们还可以说,没有全过程人民民主,就没有中国式现代化。全过程人民民主是社会主义民主政治的本质属性,是最

广泛、最真实、最管用的民主。这种民主恰恰为中国式现代化的推进提供了强大的民意基础,使现代化成为每一个中国人演出历史伟剧的广阔舞台。坚持和完善中国特色社会主义制度的根本制度、基本制度、重要制度,拓展民主渠道,丰富民主形式,确保人民依法通过各种途径和形式管理国家事务,管理经济和文化事业,管理社会事务,这是实现中国式现代化的重要要求和基本保障。协商民主是实践全过程人民民主的重要形式,通过健全各种制度化协商平台,推进协商民主广泛多层制度化发展,提高深度协商互动、意见充分表达、广泛凝聚共识水平,可以有效地解决中国式现代化发展中存在的各种矛盾和问题。

(三)全面建设社会主义现代化国家,必须坚持中国特色社会主义文化发展道路,增强文化自信

文化建设是中国式现代化的精神和灵魂支撑,人民精神世界充盈丰富是中国式现代化的重要特征,也是中国式现代化的精神动力。我们知道,中国式现代化是物质文明和精神文明相协调的现代化。物质富足、精神富有是社会主义现代化的根本要求,也就是说,中国式现代化从根本上讲既有物质富足又有精神富有。物质贫困不是社会主义,人民生活长期停滞在很低的水平不是社会主义,这是改革开放40多年来实践所证明了的;当然,精神贫乏也不是社会主义,因为资本主义现代化的一个特点就是物质主义膨胀,精神生活日益颓废。我们要不断厚植现代化的物质基础,不断夯实人民幸福生活的物质条件,同时大力发展社会主义先进文化,加强理想信念教育,传承中华文明,促进物的全面丰富和人的全面发展。中国式现代化是物质文明和精神文明相协调的现代化,这就意味着要坚持"两手抓、两手都要硬",以辩证的、全面的、平衡的观点正确处理物质文明和精神文明的关系,把精神文明建设贯穿全面建设社会主义现代化国家全过程,渗透到社会生活的方方面面,特别是要在物质文明建设中始终强调精神文明建设的重要作用;中国式现代化坚持社会主义核心价值观,把坚持社会主义核心价值体系纳入新时代坚持和发展中国特色社会主义的基本方略,加强理想信念教育,强调精神变物质、物质变精神的辩证法,弘扬中华优秀传统文化,增强人民精神力量。

(四)让现代化建设成果更多更公平惠及全体人民

全面建设社会主义现代化国家,就要为民造福。二十大报告指出,在全面建设社会主义现代化国家的道路上,必须牢牢把握"坚持以人民为中心的发展思想",维护人民根本利益,增进民生福祉,不断实现发展为了人民、发展依靠人民、发展成果由人民共享,让现代化建设成果更多更公平惠及全体人民。实现共同富裕是现代化建设成果惠及全体人民的直接体现,也是为民造福这一立党为公、执政为民的本质要求的重要体现。党的二十大报告对扎实推进共同富裕作出一系列重要部署,提出"健全基本公共服务体系,提高公共服务水平,增强均衡性和可及性""坚持多劳多得,鼓励勤劳致富,促进机会公平,增加低收入者收入,扩大中等收入群体",这些都为推进共同富裕指明了方向。报告强调"两个提高",即:努力提高居民收入在国民收入分配中的比重,提高劳动报酬在初次分配中的比重。还强调"两个基本同步":居民收入增长和经济增长基本同步,劳动报酬提高与劳动生产率提高基本同步。"两个基本同步"与"两个提高"整体推进,就可以有效解决收入分配差距扩大的问题。报告还特别强调促进农民的共同富裕。报告指出：发展乡村特色产业,拓宽农民增收致富渠道,使农民的富裕建立在特色产业的发展上；巩固拓展脱贫攻坚成果,增强脱贫地区和脱贫群众内生发展动力,向着共同富裕方向发展；深化农村土地制度改革,赋予农民更加充分的财产权益,保障进城落户农民合法土地权益,鼓励依法自愿有偿转让。

(五)尊重自然、顺应自然、保护自然,是全面建设社会主义现代化国家的内在要求

建设人与自然和谐共生的现代化是广大人民群众的迫切要求。习近平总书记深刻意识到人民群众的生态环境需求十分迫切。习近平总书记明确指出:"从政治经济学的角度看,供给侧结构性改革的根本,是使我国供给能力更好满足广大人民日益增长、不断升级和个性化的物质文化和生态环境需要,从而实现社会主义生产目的。"[1]例如,人民群众对清新空气、清澈水质、清洁环境等生态产品的需求越来越迫切,生态环境越来越珍贵,人民群众对良好生态环境的期待越来越高。十九大报告指出:"我们要建设的现代化是人与自然和谐共生的现代化,既要创造更多物质财富和精神财富以满足人民日益增长的美好生活需要,也要提供更多优质生态产品以满足人民日益增长的优美生态环境需要。"[2]

新时代十年,我们坚持绿水青山就是金山银山的理念,坚持山

---

[1] 中共中央宣传部编《习近平总书记系列重要讲话读本(2016年版)》,人民出版社,2016,第156页。

[2] 习近平:《论坚持全面深化改革》,中央文献出版社,2018,第377页。

水林田湖草沙一体化保护和系统治理,全方位、全地域、全过程加强生态环境保护,生态文明制度体系更加健全,污染防治攻坚向纵深推进,绿色、循环、低碳发展迈出坚实步伐,生态环境保护发生历史性、转折性、全局性变化,我们的祖国天更蓝、山更绿、水更清。这些历史性、转折性、全局性变化证明,全面建设社会主义现代化国家,只能走生态文明发展道路。二十大报告指出:"我们要推进美丽中国建设,坚持山水林田湖草沙一体化保护和系统治理,统筹产业结构调整、污染治理、生态保护、应对气候变化,协同推进降碳、减污、扩绿、增长,推进生态优先、节约集约、绿色低碳发展。"[①]

四、在推动中华民族伟大复兴和构建人类命运共同体的过程中创造人类文明新形态

(一)在推动中华民族伟大复兴的过程中创造人类文明新形态

"以中国式现代化推进中华民族伟大复兴",这是习近平总书记反复强调的一个重要论断。《中共中央关于党的百年奋斗重大成就和历史经验的决议》明确指出:"坚持和发展中国特色社会主义,总任务是实现社会主义现代化和中华民族伟大复兴,在全面建成小康社会的基础上,分两步走在本世纪中叶建成富强民主文明和谐美丽的社会主义现代化强国,以中国式现代化推进中华民族伟大复兴。"[②]在 2022 年 7 月省部级主要领导干部"学习习近平总书记重

---

① 习近平:《高举中国特色社会主义伟大旗帜 为全面建设社会主义现代化国家而团结奋斗——中国共产党第二十次全国代表大会上的报告(2022 年 10 月 16 日)》,人民出版社,2022,第 50 页。

② 《中共中央关于党的百年奋斗重大成就和历史经验的决议》,《人民日报》2021 年 11 月 17 日,第 01 版。

要讲话精神,迎接党的二十大"专题研讨班开班式上的讲话中,习近平总书记强调,在新中国成立特别是改革开放以来的长期探索和实践基础上,经过党的十八大以来在理论和实践上的创新突破,我们成功推进和拓展了中国式现代化。党的二十大报告指出:"从现在起,中国共产党的中心任务就是团结带领全国各族人民全面建成社会主义现代化强国、实现第二个百年奋斗目标,以中国式现代化全面推进中华民族伟大复兴。"①

1. 中国式现代化何以能够推进中华民族伟大复兴

第一,中国式现代化彻底抹去了蒙在中华文明上的尘土,使中华文明生命力被激发出来,为中华民族伟大复兴奠定了文明基础。

近代以来,由于西方列强的入侵,由于封建统治的腐败,中国逐渐成为半殖民地半封建社会,山河破碎,生灵涂炭,中华民族遭受了前所未有的苦难,国家蒙辱、人民蒙难、文明蒙尘。中华文明蒙尘体现在三个方面:第一,被西方中心主义者贬低为低等文明、劣等文明,视作是没有进步的历史循环、王朝更迭和重复。第二,宣扬"黄祸论"等各种理论,为欺凌中华文明大造思想基础。俄国无政府主义者巴枯宁是第一个有世界影响的早期"黄祸论"者,他在1873年的著作中称中国是"不可避免地从东方威胁俄国的危险"。巴枯宁认为中国人口过度繁殖,必将向全世界移民扩张,直接威胁西伯利亚。后来,他看到日本的崛起和中国大办洋务的情景,更加起劲地鼓吹"日本和中国的军事威胁"。"黄祸论"首先成了帝国主义侵略瓜分中国的最好借口,在威廉二世和俄国沙皇尼古拉二世等政治首

---

① 习近平:《高举中国特色社会主义伟大旗帜 为全面建设社会主义现代化国家而团结奋斗——在中国共产党第二十次全国代表大会上的报告(2022年10月16日)》,人民出版社,2022,第21页。

脑的宣传下,"黄祸论"在西方世界大行其道。第三,肆意涂炭中国人,把中华文明看成是可以任意践踏的东西。但是,中华文明具有顽强的生命力,具有不甘屈服的斗争精神,无数先贤奔走呐喊,呼唤新的文明复兴。

中国共产党从登上历史舞台那一刻,就致力于走出一条非西方的现代化道路,在这个基础上实现中华民族伟大复兴。在新民主主义革命时期,毛泽东同志一直赋予中国的现代化以新的含义。首先,坚决反对文明的优劣之别,倡导文明的平等性,强调中华文明的独特性,强调中华文明完全有资格和能力屹立于世界文明之林。其次,把人民群众看作是创造历史和文明最重要的动力。反对那种认为帝王将相创造历史的英雄史观,而是强调人民创造历史。在抗战时期,毛泽东同志强调一方面取之于民,一方面要使人民经济有所增长,对人民的农业、畜牧业、手工业、盐业和商业采取帮助其发展的适当步骤和方法,绝不能像国民党那样对人民只是竭泽而渔、诛求不已。第三,强调革命是现代化的前提,没有进行推翻剥削阶级的新民主主义革命,就不可能有现代化的推进。

第二,中国式现代化顺利推进了第一个百年奋斗目标的实现,为第二个百年奋斗目标的实现打下了坚实基础。

习近平总书记在庆祝中国共产党成立 100 周年大会上的讲话中向全世界宣告:我们在中华大地上全面建成了小康社会。这第一个百年奋斗目标的实现,很重要的原因就是我们找到了中国式现代化道路。1979 年 12 月,邓小平同志在会见日本首相大平正芳时说:"我们要实现的四个现代化,是中国式的四个现代化。我们的四个现代化的概念,不是像你们那样的现代化的概念,而是'小康之家'。到本世纪末,中国的四个现代化即使达到了某种目标,我们的国民生产总值人均水平也还是很低的。要达到第三世界中比较富裕一点的国家的水平,比如国民生产总值人均一千美元,也还得付出很大的努力。……所以,我只能说,中国到那时也还是一个小康的状态。"①这里的"中国式"不仅强调了中国的现代化与西方现代化的区别,而且突出了中国式现代化的优秀传统文化基础。1983年,邓小平同志针对新的历史时期的特点与要求,明确强调"我们搞的现代化,是中国式的现代化。"20 世纪 80 年代中期,邓小平同志基于中国实际与时代特征提出了现代化建设的"三步走"战略,并且首次提出了到 21 世纪中叶基本实现现代化的发展目标。在党的十五大报告中,江泽民同志指出:"展望下世纪,我们的目标是,第一个十年实现国民生产总值比二〇〇〇年翻一番,使人民的小康生活更加宽裕,形成比较完善的社会主义市场经济体制;再经过十年的努力,到建党一百年时,使国民经济更加发展,各项制度更加完善;到世纪中叶建国一百年时,基本实现现代化,建成富强民主文明的社会主义国家。"②2002 年党的十六大,关于中国现代化的目标、任务更加清晰。江泽民同志指出:"综观全局,二十一世纪头二十年,对我国来说,是一个必须紧紧抓住并且可以大有作为的重要战略机遇期。根据十五大提出的到二〇一〇年、建党一百年和新中国成立一百年的发展目标,我们要在本世纪头二十年,集中力量,全面建设惠及十几亿人口的更高水平的小康社会,使经济更加发展、民主更加健全、科教更加进步、文化更加繁荣、社会更加和谐、人民生活更加

---

① 《邓小平文选》第二卷,人民出版社,1994,第 237 页。
② 江泽民:《高举邓小平理论伟大旗帜 把建设有中国特色社会主义事业全面推向二十一世纪——在中国共产党十五次全国代表大会上的报告(1997 年 9 月 12 日)》,人民出版社,1997,第 4 页。

殷实。这是实现现代化建设第三步战略目标必经的承上启下的发展阶段,也是完善社会主义市场经济体制和扩大对外开放的关键阶段。经过这个阶段的建设,再继续奋斗几十年,到本世纪中叶基本实现现代化,把我国建成富强民主文明的社会主义国家。"①

胡锦涛同志坚持不懈地探索和把握我国社会主义现代化规律,不断创造性地研究和解决改革开放和社会主义现代化建设中的重大理论和实践问题,在推进全面建成小康社会过程中探索出了中国式现代化的新要求。比如提出走中国特色农业现代化道路。2009年1月,在主持十七届中共中央政治局第十一次集体学习时,胡锦涛同志指出:"走中国特色农业现代化道路,是顺应世界农业发展普遍规律、立足我国国情的必然选择,是统筹城乡发展、协调推进工业化和城镇化的必然要求,是建设社会主义新农村、促进农业可持续发展的必由之路。"②

第三,中国式现代化的性质、内涵和优越性确保了中华民族伟大复兴的光明前景。

从性质上看,中国式现代化保证了中华民族伟大复兴不会走入邪路、老路、死路、绝路。习近平总书记在"7·26"重要讲话中指出:"我们推进的现代化,是中国共产党领导的社会主义现代化,必须坚持以中国式现代化推进中华民族伟大复兴,既不走封闭僵化的老路,也不走改旗易帜的邪路,坚持把国家和民族发展放在自己力量

---

① 江泽民:《全面建设小康社会 开创中国特色社会主义事业新局面——在中国共产党十六次全国代表大会上的报告(2002年11月8日)》,人民出版社,2002,第19页。
② 中共中央组织部党建研究所编《党的建设大事记(十七大—十八大)》,党建读物出版社,2013,第106页。

的基点上、把中国发展进步的命运牢牢掌握在自己手中。"①这段讲话含义丰富，它指明了中国式现代化的本质，就是中国共产党领导的社会主义现代化。中国共产党追求社会主义现代化的意志坚定、战略清晰、路径明确。世界上没有任何一个政党，像中国共产党这样如此执着于实现社会主义现代化。中国共产党在制定计划和规划时，始终紧紧围绕着社会主义现代化部署，从第一个五年计划到第十四个五年规划，一以贯之的主题是把我国建设成为社会主义现代化国家。每一个五年计划和规划的完成，都极大地推进了社会主义现代化国家的进程，从而为中华民族伟大复兴奠定了坚实的基础。中国共产党在改革开放以来的历次党的代表大会上的报告都把实现社会主义现代化作为重要的内容来强调。党的十三大报告强调：社会主义初级阶段是由农业人口占多数的手工劳动为基础的农业国，逐步变为非农产业人口占多数的现代化的工业国的阶段，必须集中力量进行现代化建设。党的十五大报告指出：社会主义初级阶段，是逐步摆脱不发达状态，基本实现社会主义现代化的历史阶段。党的十八大报告指出：只要我们胸怀理想、坚定信念，不动摇、不懈怠、不折腾，顽强奋斗、艰苦奋斗、不懈奋斗，就一定能在中国共产党成立一百年时全面建成小康社会，就一定能在新中国成立一百年时建成富强民主文明和谐的社会主义现代化国家。党的十九大报告指出：坚持和发展中国特色社会主义，总任务是实现社会主义现代化和中华民族伟大复兴，在全面建成小康社会的基础上，分两步走在本世纪中叶建成富强民主文明和谐美丽的社会主义现代化强国。党的二十大将继续部署现代化事业的推进。在2022年

---

① 《高举中国特色社会主义伟大旗帜 奋力谱写全面建设社会主义现代化国家崭新篇章》，《人民日报》，2022年07月28日，第01版。

7月省部级主要领导干部"学习习近平总书记重要讲话精神,迎接党的二十大"专题研讨班开班式上的讲话中,习近平总书记指出:"党的二十大要对全面建成社会主义现代化强国两步走战略安排进行宏观展望,重点部署未来5年的战略任务和重大举措。未来5年是全面建设社会主义现代化国家开局起步的关键时期,搞好这5年的发展对于实现第二个百年奋斗目标至关重要。"①

从内涵上看,中国式现代化提供了实现中华民族伟大复兴的动力。实现共同富裕的现代化不仅防止了西方那种以资本为中心、导致两极分化的局面,而且为中华民族伟大复兴提供了澎湃动力。其一,我们在满足人民群众日益增长的新需求中推动共同富裕。人民群众需要的内涵和领域不断扩大,从基本物质文化需要向多样化需要扩展。既有更高的物质文化需求,又有民主、法治、公平、正义、安全、环境等需求;既有原有需求的提高,又有新需求的出现。我们在满足人民群众日益增长的更高质量的需求中推动共同富裕。人民群众的需要日益增长,这种增长不仅是需要内容的扩展,而且是需要质量的提升。所以,习近平总书记一再强调,过去解决"有没有",现在解决"好不好"。"好不好"体现在要实现"更好的教育、更稳定的工作、更满意的收入、更可靠的社会保障、更高水平的医疗卫生服务、更舒适的居住条件、更优美的环境、更丰富的精神文化生活",也体现在幼有所育、学有所教、劳有所得、病有所医、老有所养、住有所居、弱有所扶等方面不断取得新进展。其二,不断完善社会主义基本经济制度,发挥社会主义生产关系以及分配方式的作用。毫不动摇巩固和发展公有制经济,毫不动摇鼓励、支持、引导非公有制经济

---

① 《高举中国特色社会主义伟大旗帜　奋力谱写全面建设社会主义现代化国家崭新篇章》,《人民日报》2022年07月28日,第01版。

发展,通过"两个毫不动摇"来推动共同富裕的实现。坚持多劳多得,提高劳动报酬在初次分配中的比重,健全劳动、资本、土地、知识、技术、管理、数据等生产要素由市场评价贡献、按贡献决定报酬的机制,健全以税收、社会保障、转移支付等为主要手段的再分配调节机制,重视发挥第三次分配作用,发展慈善等社会公益事业。通过初次分配、再分配调节、第三次分配的联动作用,为实现共同富裕奠定分配制度的基础。

从优越性看,中国式现代化以较小的成本实现最大的目标,从而为中华民族伟大复兴提供坚实的基础。以最小的代价实现最大的目标包括四个方面的含义:成本较小的社会主义原始积累,这个积累既没有进行血与火那样的殖民扩张,也没有对国内人民进行残酷盘剥,而是靠人民用辛勤劳动积累资金来实现的;成本较小的现代化道路探索,这个探索尽管也在一段时间内走了弯路,也付出了一定代价,但1978年改革开放之后,这条道路越走越宽广;成本较小的资源消耗,这个消耗不仅使我们中国这个世界上人均占有土地较少的国家养活了世界上最多的人口,而且用40多年来人均消耗资源相对不高的成本实现了巨大的经济社会发展;成本较小的制度运行管理,这既保证了经济快速、较高质量的发展,又保持了世界上最长时间的社会稳定。

2.中国式现代化推进中华民族伟大复兴的路径

中国式现代化推进中华民族伟大复兴不仅是可能的,而且是可行的。其可行性体现在:中国式现代化激活了中华文明,中华文明的磅礴伟力正在焕发出来;中国式现代化是以中国特色社会主义民主政治发展道路为基础的,全过程人民民主的发展为实现中华文明伟大复兴提供强大的政治保障;中国式现代化是走在中国特色社会主义法治道路上的现代化,法治建设为实现中华文明伟大复兴提供了无比深厚的基础。

第一,中国式现代化深刻激发了中华文明的优秀基因。

英国著名历史学家汤因比在20世纪70年代出版过一本插图版的《历史研究》。在这本著作中,他使用了一张名为"中国的回应"的宣传画。他说,在这幅画上,毛泽东扮演了一个常见的现代化提倡者角色,教导工厂的工人鼓足干劲、建设一个自力更生的强大国家。[①] 在汤因比看来,毛泽东是把西方的现代化变成了共产主义、社会主义性质的现代化。他进一步指出:"西方观察者不应低估这样一种可能性:中国有可能自觉地把西方更灵活、也更激烈的火力与自身保守的、稳定的传统文化融为一炉。如果这种有意识、有节制地进行的恰当融合取得成功,其结果可能为文明的人类提供一个全新的文化起点。"[②] 应该说,汤因比的这一认识还是很深刻的。

中国共产党人创造的中国式现代化使中华文明的内在精神特质生机盎然。中国式现代化要不断推进社会主义政治文明建设,特别是要发展社会主义协商民主,这一民主是中国社会主义民主政治中独特的、独有的、独到的民主形式,它源自中华民族长期形成的天下为公、兼容并蓄、求同存异等优秀政治文化;中国式现代化要不断推进社会主义文化建设,不仅要实现优秀传统文化的创造性转化、创新性发展,而且持续地使中华文明的优秀品质时代化,例如新时代产生的伟大脱贫攻坚精神,同中华民族长期形成的特质禀赋和文

[①] 阿诺德·汤因比:《历史研究(插图本)》,刘北成、郭小凌译,上海人民出版社,2005,彩图78。

[②] 阿诺德·汤因比:《历史研究(插图本)》,刘北成、郭小凌译,上海人民出版社,2005,彩图78。

化基因一脉相承,丰富了民族精神和时代精神的内涵;中国式现代化要不断推进国家治理体系和治理能力现代化,实现国家治理体系和治理能力现代化就是要把中华文明中关于国家制度和国家治理的丰富思想时代化,包括大道之行、天下为公的大同理想,六合同风、四海一家的大一统传统,德主刑辅、以德化人的德治主张,民贵君轻、政在养民的民本思想,等贵贱均贫富、损有余补不足的平等观念,等等。

中国共产党人创造的中国式现代化使中华文明的物质基础变得无比强大。从中国式现代化一起步,中国共产党人就强调实现农业现代化,再创农耕文明新奇迹。习近平总书记一再指出,农业农村农民问题始终是贯穿我国现代化建设和实现中华民族伟大复兴进程中的基本问题;实现农业农村现代化是全面建设社会主义现代化国家的重大任务,是解决发展不平衡不充分问题的必然要求;全面建设社会主义现代化国家、实现中华民族伟大复兴,最艰巨最繁重的任务依然在农村,最广泛最深厚的基础依然在农村。党的十八大以来,党中央坚持把解决好"三农"问题作为全党工作的重中之重,坚持走中国特色农业现代化道路,把脱贫攻坚作为全面建成小康社会的标志性工程,组织推进人类历史上规模空前、力度最大、效果最好、惠及人口最多的脱贫攻坚战,启动实施乡村振兴战略,推动农业农村取得历史性成就、发生历史性变革,使辉煌灿烂的中华农耕文明焕发出新的勃勃生机。中国式现代化始终强调要实现工业化,新中国成立以来,在现代化的道路上,中国人用几十年的时间走完了西方发达国家用几百年才走完的工业化道路。2010年,中国制造业增加值超过美国,成为世界第一制造业大国。党的十八大以来,我们更是强调建设制造强国,防止经济脱实向虚。十年来,我国制造业增加值从2012年的16.98万亿元增加到2021年的31.4万亿元,占全球比重从22.5%提高到近30%,持续保持世界第一制造大国地位。按照国民经济统计分类,我国制造业有31个大类、179个中类和609个小类,是全球产业门类最齐全、产业体系最完整的制造业。一种强大的工业文明已经产生,这使中华文明建立在越来越先进的生产力基础之上。

第二,中国式现代化是推进社会主义民主政治发展的现代化。

中国共产党人清醒地认识到,没有民主,就没有社会主义,就没有社会主义现代化。习近平总书记明确指出:"人民民主是社会主义的生命。没有民主就没有社会主义,就没有社会主义的现代化,就没有中华民族伟大复兴。"①民主与现代化、社会主义民主与社会主义现代化是紧密相连的。

在现代化进程中不断推进社会主义民主政治发展,充分实现人民当家作主,能够调动起人民的积极性、创造性、能动性。西方一些国家的学者和政要极力垄断"民主""自由"的话语权,给中国贴上所谓的"威权""专制"等标签,动辄以"价值观外交""人权外交""民主国家联合体"等方式对中国发动政治意识形态的围攻,而且试图将中国式现代化标注上"非民主的现代化""不自由的现代化"。其实,这种抹黑和标签化是徒劳的。我们深知,社会主义革命和建设的成就是人民群众干出来的,改革开放和社会主义现代化的历史伟剧是亿万人民群众主演的。正是因为人民当家作主,人民群众在各个领域特别是在市场经济的战场上才能展示出旺盛的创造力。十年来我们一直推进的"放管服"改革实际是放开搞活、促进公平竞争,给

---

① 习近平:《论坚持人民当家作主》,中央文献出版社,2021,第74页。

群众经商办企业更多自由和便利。"放管服"改革本质上是人民至上价值理念在行政管理领域的体现,不仅重在培育和壮大市场主体,而且让人民群众有广阔的发挥才能的舞台。2022年8月,在国务院召开的第十次全国深化"放管服"改革电视电话会议上,李克强指出:"目前市场主体1.6亿多户、比十年前增加近2倍,其中个体工商户1亿多户。众多大中小市场主体融通发展,支撑了经济总量翻番、财政收入增加近一倍,承载了就业创业基本盘。"①市场主体的不断发展壮大从另一个侧面反映出人民民主的成长性。另外,我们把人权普遍性原则同中国实际结合起来,从我国国情和人民要求出发推动人权事业发展,确保人民依法享有广泛充分、真实具体、有效管用的人权,人民生存权、发展权的广泛发展使广大人民的获得感、幸福感、安全感更加充实、更有保障、更可持续,使中国式现代化成为民意广泛、共识强大的现代化。

只有发展全过程人民民主,才能真正实现中国式现代化。习近平总书记指出:党的十八大以来,我们深化对民主政治发展规律的认识,提出全过程人民民主的重大理念,"我国全过程人民民主不仅有完整的制度程序,而且有完整的参与实践。我国全过程人民民主实现了过程民主和成果民主、程序民主和实质民主、直接民主和间接民主、人民民主和国家意志相统一,是全链条、全方位、全覆盖的民主,是最广泛、最真实、最管用的社会主义民主"②。建立在党内民主基础之上的党的领导不仅确保了中国式现代化的社会主义性

---

① 《李克强在第十次全国深化"放管服"改革电视电话会议上强调 持续深化"放管服"改革 不断打造市场化法治化国际化营商环境 培育和壮大市场主体 更大激发市场活力和社会创造力》,《人民日报》2022年8月30日,第01版。

② 习近平:《论坚持人民当家作主》,中央文献出版社,2021,第336页。

质,而且保证了中国式现代化的中华民族伟大复兴的方向,更保证了中国式现代化的人民幸福的要求。人民代表大会制度是符合我国国情和实际、体现社会主义国家性质、保证人民当家作主、保障实现中华民族伟大复兴的好制度,有效保证了国家治理跳出治乱兴衰的历史周期率,为党领导人民创造经济快速发展奇迹和社会长期稳定奇迹提供了重要制度保障,为中国式现代化提供了清晰的制度路径。社会主义协商民主,是中国社会主义民主政治的特有形式和独特优势,更是实现中国式现代化的重要保障,涉及全国各族人民利益的现代化的重大决策,要在全体人民和全社会中广泛商量;涉及一个地方人民群众利益的现代化的政策,要在这个地方的人民群众中广泛商量;涉及一部分群众利益、特定群众利益的现代化的措施,要在这部分群众中广泛商量。

第三,中国式现代化是法治基础上的现代化。

法治和人治问题是人类政治文明史上和法治演变史上的一个基本问题,也是各国在实现现代化过程中必须面对和解决的一个重大问题。能否解决好这个问题,直接关乎国家现代化的命运。在党的十八届四中全会第二次全体会议上的讲话中,习近平总书记指出:"综观世界近现代史,凡是顺利实现现代化的国家,没有一个不是较好解决了法治和人治问题的。相反,一些国家虽然也一度实现快速发展,但并没有顺利迈进现代化的门槛,而是陷入这样或那样的'陷阱',出现经济社会发展停滞甚至倒退的局面。后一种情况很大程度上与法治不彰有关。"[①]

建立在中国特色社会主义法治道路上的中国式现代化能够把

[①] 中共中央文献研究室编《习近平关于社会主义政治建设论述摘编》,中央文献出版社,2017,第84—85页。

现代化进程中出现的重大诉求纳入法治轨道,防止出现失序。中国式现代化道路是法治化的道路,这一道路"积极回应人民群众新要求新期盼,系统研究谋划和解决法治领域人民群众反映强烈的突出问题,不断增强人民群众获得感、幸福感、安全感,用法治保障人民安居乐业。"①我们始终把实现人民美好生活需求的法治建设放在突出位置,用法治来保障这些需求的实现,人民群众在现代化进程中产生出来的各种新的需求都会不断地被纳入法治建设的轨道,从而防止了法治无法解决新需求带来的社会风险和社会无序状态。习近平总书记指出:"要积极推进国家安全、科技创新、公共卫生、生物安全、生态文明、防范风险、涉外法治等重要领域立法,健全国家治理急需的法律制度、满足人民日益增长的美好生活需要必备的法律制度,以良法善治保障新业态新模式健康发展。"②中国在推进现代化过程中,出现了很多新的产业、新的商业模式、新的发展业态,特别是互联网经济、数字经济发展产生了诸如互联网金融、网络信贷、网上商城等,很容易发生各种问题,引发社会不稳定。我们加快数字经济、互联网金融、人工智能、大数据、云计算等领域立法步伐,切实防止这些领域出现重大问题。习近平总书记指出:"要聚焦人民群众急盼,加强民生领域立法。对人民群众反映强烈的电信网络诈骗、新型毒品犯罪和'邪教式'追星、'饭圈'乱象、'阴阳合同'等娱乐圈突出问题,要从完善法律入手进行规制,补齐监管漏洞和短板,决不能放任不管。"③通过不断完善民生领域的立法,加大民生领域

---

① 习近平:《论坚持全面依法治国》,中央文献出版社,2020,第2页。
② 习近平:《论坚持全面依法治国》,中央文献出版社,2020,第4页。
③ 习近平:《坚持走中国特色社会主义法治道路 更好推进中国特色社会主义法治体系建设》,《求是》2022年第4期。

法治的执法,一些人民群众反映强烈的突出问题得到了有效治理。

中国式现代化进程中法治化的特点既保证了立法的科学性,又保证了立法的民主性。习近平总书记在2015年2月省部级主要领导干部学习贯彻十八届四中全会精神全面推进依法治国专题研讨班上讲过一个重要观点即法治化的两种模式:从已经实现现代化国家的发展历程看,像英国、美国、法国等西方国家,呈现出来的主要是自下而上社会演进模式,即适应市场经济和现代化发展需要,经过一百年到两三百年内生演化,逐步实现法治化,政府对法治的推动作用相对比较小;而像新加坡、韩国、日本等,呈现出来的主要是政府自上而下在几十年时间快速推动法治化,政府对法治的推动作用很大。这两种方式的法治化,一方面是由于各自国情和历史的不同,另外就是因为现代化的方式不同。中国的法治化更有自身特点,"就我国而言,我们要在短短几十年时间内在十三亿多人口的大国实现社会主义现代化,就必须自上而下、自下而上双向互动地推进法治化"[①]。这种法治化是自上而下、自下而上双向互动进行的。首先,自上而下的法治化,可以更好地发挥党的领导作用,使法治建设更加科学化。党的领导是社会主义法治最根本的保证,全面依法治国决不是要削弱党的领导,而是要加强和改善党的领导。在党的领导下,我们在统筹考虑我国经济社会发展状况、全面深化改革推进步伐、法治建设总体进程、人民群众需求变化等因素的基础上,制定了法治中国建设规划,不仅为2020年全面建成小康社会提供了坚实的法治基础,而且设计了到2035年法治国家、法治政府、法治社会基本建成的中期战略。同时,还从顶层设计的角度健全保证宪

---

① 习近平:《论坚持全面依法治国》,中央文献出版社,2020,第136页。

法全面实施的体制机制,完善以宪法为核心的中国特色社会主义法律体系,健全社会公平正义法治保障制度,保证行政权、监察权、审判权、检察权得到依法正确行使等。其次,自下而上的法治化使法律的制定和实施有着广泛的群众基础。我们的法治建设一个方面就是坚持问题导向,特别是坚持基层问题导向,及时地把人们新的工作方式、交往方式、生活方式提出的民事立法课题加以研究,并制定相关法律。另一方面就是立法过程中广泛听取民意民声。2019年11月2日下午,习近平总书记来到上海长宁区虹桥街道古北市民中心,考察社区治理和服务情况。市民中心内,一场别开生面的法律草案意见建议征询会正在进行。习近平总书记同参加征询会的中外居民亲切交谈,详细询问法律草案的意见征集工作情况。习近平总书记强调,人民民主是一种全过程的民主,所有的重大立法决策都是依照程序、经过民主酝酿,通过科学决策、民主决策产生的。

(二)在推动构建人类命运共同体的过程中创造人类文明新形态

中国式现代化不仅能够推动人类命运共同体的构建,而且会创造一种新的人类文明形态,这就是现代化新文明。这种现代化新文明有三个特点:

1.用最小的成本获得最大的文明收益

中国在现代化过程中用18亿亩耕地养活了世界上最多的人口,正像二十大报告所言:确保了中国人的饭碗牢牢端在自己手中。我们在现代化过程中强调传承发展提升农耕文明,不仅强调加快建设农业强国,建设宜居宜业和美乡村,而且强调能看得见山,又能望得见水,更能留得住乡愁。

中国还强调各个文明都是在交流互鉴中发展起来的,没有纯而又纯的、从不吸收别的文明而孤立发展的文明。世界文明历史揭示了一个规律:任何一种文明都要与时偕行,不断吸纳时代精华。交流互鉴是文明发展的本质要求,也是促进文明发展最好的途径。无论什么文明,只有同其他文明交流互鉴、取长补短,才能保持旺盛生命活力。

2.创造了人类工业新文明

中国在短短40多年内走完了西方国家200年的工业化道路,创造了新型工业化道路,创造了人类工业新文明。党的二十大报告指出:"坚持把发展经济的着力点放在实体经济上,推进新型工业化,加快建设制造强国、质量强国、航天强国、交通强国、网络强国、数字中国。"①这些强国的建设使中国的工业文明展现出强大的创新能力、改善民生福祉的理念、让生活更美好更有品质的价值引导,塑造出创新、活力、共享、向善的特质。这是一种新型的工业文明。这种特质鲜明地体现在新时代10年中,我们加快建设制造强国,制造业发展取得历史性成就、发生历史性变革,综合实力、创新力和竞争力全面提升。在世界500种主要工业产品中,我国有四成以上产品产量位居世界第一。中国制造业企业500强营业收入从2012年的21.7万亿元增长到2021年的40.24万亿元,有58家制造业企业进入2021年世界500强榜单,比2012年增加27家。中国的新型工业化道路不仅赋予中华文明发展深厚的产业基础,而且为人类发展进步提供了强劲动力。

---

① 习近平:《高举中国特色社会主义伟大旗帜 为全面建设社会主义现代化国家而团结奋斗——在中国共产党第二十次全国代表大会上的报告(2022年10月16日)》,人民出版社,2022,第30页。

3. 创造了人类城市新文明

在短短40多年内走完了西方国家200年的城镇化道路，创造了新型城镇化道路，创造了人类城市新文明。二十大报告指出：从2012年到2022年，城镇化率提高11.6%，达到64.7%，使9亿多人口生活在城市中。而且这种城镇化既没有出现英国那种"羊吃人"的圈地运动，也没有出现美国那种牛仔式的狂野突进。二十大报告还指明了今后城市文明发展的方向：推进以人为核心的新型城镇化，加快农业转移人口市民化。以城市群、都市圈为依托构建大中小城市协调发展格局，推进以县城为重要载体的城镇化建设。坚持人民城市人民建、人民城市为人民，提高城市规划、建设、治理水平，加快转变超大特大城市发展方式，实施城市更新行动，加强城市基础设施建设，打造宜居、韧性、智慧城市。

第五章
中国式现代化与科学社会主义基本原则

党的十九大报告指出:"中国特色社会主义进入新时代……意味着科学社会主义在二十一世纪的中国焕发出强大生机活力,在世界上高高举起了中国特色社会主义伟大旗帜。"① 科学社会主义为什么能够在21世纪的中国焕发出强大生机活力?一个根本原因就是科学社会主义基本原则始终充满着旺盛的生命力。中国式现代化是始终以科学社会主义基本原则为指导的,这是中国式现代化的独特之处。要理解中国式现代化,必须深刻把握科学社会主义基本原则。离开了科学社会主义基本原则的把握,就很难理解中国式现代化的本质及其特殊的优越性。

一、学术界对科学社会主义基本原则的多种理解

什么是科学社会主义的基本原则?理论界的认识是多样化的。

---

① 习近平:《习近平谈治国理政》第三卷,外文出版社,2020,第8页。

一种观点认为科学社会主义的基本原则包括:"生产力是人类社会发展的最终决定力量,发展生产力是社会主义的根本任务……生产资料公有制是社会主义制度的基础,是社会主义与资本主义的一个根本区别……实现共同富裕,不搞两极分化,这是体现社会主义本质的一个重要方面……无产阶级专政是科学社会主义的核心内容,无产阶级专政思想的诞生是科学社会主义思想体系形成的重要标志之一……坚持工人阶级政党领导。科学社会主义是和工人阶级政党密不可分的……马克思主义是社会主义意识形态的灵魂,社会主义离不开马克思主义的科学指导。"①这种观点突出了马克思主义创始人关于科学社会主义基本原则的论述,强调了马克思主义的一脉相承性。这种概括有两个鲜明特点:坚守马克思主义原典中的基本原理,从原典中阐述科学社会主义基本原则;把无产阶级专政作为科学社会主义的核心内容,表明了对科学社会主义基本原则的理解是坚守马克思主义创始人思想的。

一种观点认为"应在与中国特色社会主义道路的关系中确定科学社会主义基本原则的具体层次,即在制度层面来概括经典意义上科学社会主义的基本原则"②。就政治方面而言,"无产阶级必须组织自己的政党,并在自己的政党领导下进行革命和建设";就经济方面而言,"社会主义是社会化大生产的产儿,社会主义社会必须进一步推动社会化大生产的实现和发展";文化上,由于历史条件的原因不能完全排斥"传统的观念",但必须坚持社会主义先进文化的前进方向,保持文化领导权;社会建设上,"共产党人强调和坚持整个无

---

① 袁贵仁:《中国特色社会主义道路——坚持科学社会主义的基本原则具有鲜明的中国特色》,《人民日报》2007年9月3日,第09版。
② 金建萍:《科学社会主义热点问题研究》,中国社会科学出版社,2016,第6页。

产阶级共同的部分民族的利益",从维护最广大人民根本利益的高度,满足和实现"每个人的自由发展是一切人的自由发展的条件","建立在个人全面发展和他们共同的、社会的生产能力成为从属于他们的社会财富"。这种观点突出了马克思主义创始人思想与中国特色社会主义之间的内在联系性,是站在现实的角度看待科学社会主义基本原则。这种概括是结合中国特色社会主义的经济建设、政治建设、文化建设和社会建设这四个方面来阐述的,有其鲜明的特色:对应性比较强。对应政治建设,总结出无产阶级政党的领导作为基本原则;对应经济建设,总结出社会化大生产这一基本原则;对应文化建设,总结出保持文化领导权这一基本原则;对应社会建设,总结出共同富裕这一基本原则。

一种观点认为科学社会主义基本原理或原则,包括认识和实践社会主义的方法论、社会主义本质规定、社会主义价值。社会主义的方法论就是科学性和实践性的统一,社会主义的本质规定就是实现人的自由全面发展,社会主义的价值就是公正、民主、自由、平等、博爱。社会主义方法论、社会主义本质规定、社会主义价值是具有内在逻辑联系的,它们构成科学社会主义基本原则。这种观点突出了当代人类文明发展的成果,力图以当代人类共有的价值理念来把握科学社会主义基本原则的内容。这种概括的鲜明特征是:创新性,力图从一种新的角度来阐述科学社会主义基本原则,例如用三个方面即认识和实践社会主义的方法论、社会主义本质规定、社会主义价值来总结,很独到;世界视野性,特别是力图用公正、民主、自由、平等、博爱这些人类共同的价值作为看待科学社会主义的新视角。

一种观点认为科学社会主义是一个完整的体系,它是对科学社会主义研究对象的系统阐述和基本内容的系统概括,是社会主义运动经验的系统总结。"这一理论体系包括如下内容:在资本主义世界怎样以无产阶级及其政党掌握政权为中心,全面开展反对资本主义的斗争,从各方面积累社会主义因素;在从资本主义到社会主义的过渡时期,怎样以巩固并发展无产阶级及其政党领导的政权为支柱,以经济建设为中心,全面进行社会主义改造和社会主义建设;在社会主义社会从低级到高级发展的全过程中,怎样以无产阶级政权和无产阶级政党的建设为支柱,以经济建设为中心、带动并指导全面的社会主义建设和社会主义改革;怎样处理好社会主义世界内部社会主义国家之间的关系以及社会主义世界同资本主义世界之间的关系,等等。"① 这种观点是立足于世界社会主义发展的历史进程总结概括出来的,有其鲜明的特点:突出无产阶级政党的历史作用,第一条原理强调了无产阶级夺取政权之前无产阶级政党的作用,第二条原理强调了从资本主义到社会主义过渡时期的无产阶级政党的作用,第三条原理强调了在社会主义社会从低级到高级发展的全过程中无产阶级政党的作用;突出社会主义世界内部社会主义国家之间的关系以及社会主义世界同资本主义世界之间的关系的重要性。

一种观点认为科学社会主义基本原理,以唯物史观和剩余价值理论为基础。它主要包括:社会主义、共产主义的历史必然性;无产阶级解放的基本道路和主要任务;无产阶级的建党思想和策略原则。这种观点强调:"科学社会主义是开放的体系,它永远植根于社会实践之中,它随着时代、实践和科学的发展而发展,其基本原理也

---

① 秦宣主编《科学社会主义概论》,中国人民大学出版社,2010,第7—8页。

会不断地丰富。"①这种观点主要是强调了科学社会主义基本原则的开放性、时代性和实践性,强调这些原则会随着实践的发展不断丰富和发展,其鲜明特征是:简约性,用十分简洁的话语概括了科学社会主义基本原则;重点性,突出了无产阶级的解放和无产阶级政党的领导。

这些认识都有其合理的一面,也都有其认识的依据。这些认识是我们进一步概括和总结科学社会主义基本原则的重要学术出发点。当然,要想从整体上去把握科学社会主义基本原则,更加需要我们从马克思主义发展史上来总结。

二、科学社会主义基本原则的判断标准及其丰富内涵

什么是基本原则?什么是科学社会主义基本原则?概括和归纳基本原则,需要找到一个客观标准。标准依据既有理论依据,也有实践依据。

(一)根据马克思主义创始人的经典论述来概括

马克思、恩格斯在推动社会主义从空想到科学的实践进程中,特别强调要把科学社会主义当作科学来看待、来研究。恩格斯说:"社会主义自从成为科学以来,就要求人们把它当作科学看待,就是说,要求人们去研究它。"②恩格斯也是这样做的,他不仅撰写了被马克思称为"科学社会主义入门"的《社会主义从空想到科学的发展》,而且阐发了科学社会主义的内涵、原则以及未来社会的特征等

---

① 顾海良、梅荣政主编《科学社会主义理论与实践》,武汉大学出版社、湖北人民出版社,2006,第18页。

② 中共中央马克思恩格斯列宁斯大林著作编译局编译《马克思恩格斯选集》第二卷,人民出版社,1995,第636页。

这一思想体系的理论框架。《社会主义从空想到科学的发展》提出了其中的一些基本原则，包括：公有制、按劳分配、有组织生产、合乎规律地改造自然、国家消亡等。

实行生产资料的社会公共占有，这是马克思主义创始人十分强调的一个基本原则。恩格斯指出：通过无产阶级革命，"无产阶级将取得公共权力，并且利用这个权力把脱离资产阶级掌握的社会化生产资料变为公共财产"①。这一原则的提出既是资本主义生产社会化与生产资料私人占有之间的基本矛盾发展的必然结果和要求，也是新的社会形态要创造出高于资本主义国家生产力的必然趋势和要求。生产资料的公共占有的好处在哪里？生产资料的社会占有会消除生产发展人为的各种障碍，消除生产力和产品由于经济危机造成的有形的大规模浪费和破坏，消除商品对人们的异化控制。不仅如此，正如恩格斯所言："此外，这种占有还由于消除了现在的统治阶级及其政治代表的穷奢极欲的挥霍而为全社会节省出大量的生产资料和产品。通过社会生产，不仅可能保证一切社会成员有富足的和一天比一天充裕的物质生活，而且可能保证他们的体力和智力获得充分的自由的发展和运用……"②在这里，恩格斯已经把实行生产资料公共占有的好处讲得十分完整和清晰了：不仅能够大大促进社会生产力的发展，而且能够节约社会资源；不仅能够保证全社会所有成员的共同富裕，而且能够促进人们在体力和智力等方面的全面发展。

---

① 中共中央马克思恩格斯列宁斯大林著作编译局编译《马克思恩格斯全集》第二十六卷，人民出版社，2014，第453页。

② 中共中央马克思恩格斯列宁斯大林著作编译局编译《马克思恩格斯全集》第二十五卷，人民出版社，2001，第411页。

在共产主义第一阶段实行按劳分配，而在高级阶段实行按需分配，这是马克思主义创始人坚持的一个基本原则。在共产主义社会第一阶段，社会总产品在作了各项必要的扣除之后，剩余的部分将以劳动的数量和质量为标准在平等的劳动者之间进行分配：多劳多得，优劳优得，少劳少得，不劳不得；在共产主义高级阶段，社会才能在自己的旗帜上写上：各尽所能，按需分配。这里的"需"首先是劳动本身成为生活的第一需要，而且每一个人的自由而全面的发展能够创造出无穷的能够满足需求的产品。这里需要注意的是，无论是按劳分配还是按需分配，其内在的要求就是分配是建立在公平正义的基础之上的，是建立在没有社会等级和阶层差别、没有其他非经济因素影响的纯粹经济发展之上的。

自由时间的增加为人民大众创造了自由全面发展的条件，这是马克思主义创始人阐发的一个基本原则。在马克思主义创始人看来，一个社会自由时间的多寡是衡量其进步程度的标志。未来社会一个重要特点就是人们拥有越来越多的自由时间。马克思特别强调，社会为生产小麦、牲畜等需要的时间越少，它所赢得的从事其他生产，物质的或精神的生产时间就越多，社会发展、社会享用和社会活动的全面性，都取决于时间的节省。一切节约归根到底是时间的节约，"社会必须合乎目的地分配自己的时间，才能实现符合社会全部需要的生产。因此，时间的节约，以及劳动时间在不同的生产部门之间有计划的分配，在共同生产的基础上仍然是首要的经济规律。这甚至在更加高得多的程度上成为规律"[1]。这种节约是劳动时间的节约，是自由时间的增加。

---

[1] 中共中央马克思恩格斯列宁斯大林著作编译局编译《马克思恩格斯全集》第三十卷，人民出版社，1995，第123页。

有组织的生产、以最小的成本创造最优的经济效率，这是马克思主义创始人提出的一个基本原则。有组织的生产既是克服资本主义生产无政府状态的要求，也是未来社会经济规律发挥作用的要求。恩格斯一再强调，共产主义的社会制度要求所有生产部门由整个社会来经营，"就是说，为了共同的利益，按照共同的计划、在社会全体成员的参加下来经营"①，"一旦社会占有了生产资料，商品生产就将被消除，而产品对生产者的统治也将随之消除。社会生产内部的无政府状态将为有计划的自觉的组织所代替"②。这种计划性和组织性是社会化大生产的内在要求，也是人类社会向高级阶段发展的必然要求。这种有组织性，会使社会用最小的经济成本获取最大的经济收益。

合乎规律地改造自然，顺应自然规律、运用自然规律推动经济社会发展，这是马克思主义创始人阐释的一个基本原则。未来社会，人类在同自然的互动中生产、生活、发展，人类能够善待自然，自然也会馈赠人类。恩格斯明确指出：人类可以通过改变自然来使自然界为自己服务，来支配自然界，"因此我们每走一步都要记住：我们统治自然界，决不像征服者统治异族人那样，绝不是像站在自然界之外的人似的……我们对自然界的全部统治力量，就在于我们比其他一切生物强，能够认识和正确运用自然规律"③。

---

① 中共中央马克思恩格斯列宁斯大林著作编译局编译《马克思恩格斯文集》第一卷，人民出版社，2009，第683页。
② 中共中央马克思恩格斯列宁斯大林著作编译局编译《马克思恩格斯选集》第三卷，人民出版社，1995，第633页。
③ 中共中央马克思恩格斯列宁斯大林著作编译局编译《马克思恩格斯选集》第四卷，人民出版社，1995，第383—384页。

(二)根据我们党历史上对这一原则的阐述来概括

进入社会主义建设时期,为了探索适合中国国情的社会主义建设道路,我们党对于科学社会主义基本原则进行了多方面的阐释。1956年12月,我们党发表了《再论无产阶级专政的历史经验》一文,文章把科学社会主义基本原则概括为五条,即:第一,无产阶级的先进分子组织成为共产主义的政党;第二,无产阶级在共产党领导之下,联合劳动人民,经过革命斗争从资产阶级手里取得政权;第三,在革命胜利以后,实现工业的国有化,逐步实现农业的集体化,从而消灭剥削制度和对于生产资料的私有制度,消灭阶级;第四,有计划地发展社会主义经济和社会主义文化,在这个基础上逐步地提高人民的生活水平,并且积极准备条件,为过渡到共产主义社会而奋斗;第五,坚持反对帝国主义侵略,承认各民族平等,维护世界和平,坚持无产阶级国际主义的原则。这五条原则的概括,一方面坚持了马克思主义基本原理,强调了科学社会主义中最核心的几个方面的要求;另一方面结合了我们刚刚进入社会主义建设时期的要求,突出了党的领导、社会革命以及向共产主义过渡、无产阶级国际主义。在这一时期,毛泽东同志也很强调科学社会主义的科学性,他在1957年3月10日同新闻出版界代表谈话时指出,有些谈社会主义的书"把社会主义社会的东西什么都写出来,但那是空想的社会主义,不是科学的社会主义"[①]。在毛泽东同志看来,如果细枝末节的问题都能描绘出来,那一定不是科学社会主义,只能是空想社会主义。由此可见,科学社会主义基本原则一定是符合历史发展实际和趋势的东西,不是主观臆断的东西。

---

① 中共中央文献研究室编《毛泽东文集》第七卷,人民出版社,1999,第260页。

进入改革开放和社会主义现代化建设新时期,我们党十分强调坚持科学社会主义基本原则。无论是邓小平同志,还是江泽民同志,在开创、坚持、捍卫中国特色社会主义的历史过程中,都强调坚持科学社会主义基本原则。在发展中国特色社会主义的历史过程中,胡锦涛同志也强调坚持科学社会主义基本原则。2007年胡锦涛同志在党的十七大报告中指出:"中国特色社会主义道路之所以完全正确、之所以能够引领中国发展进步,关键在于我们既坚持了科学社会主义的基本原则,又根据我国实际和时代特征赋予其鲜明的中国特色。"①从胡锦涛同志的论述中,我们可以看出,科学社会主义基本原则的内涵,可以从中国特色社会主义道路的内涵中反映出来。中国特色社会主义道路是什么?胡锦涛同志指出:"中国特色社会主义道路,就是在中国共产党领导下,立足基本国情,以经济建设为中心,坚持四项基本原则,坚持改革开放,解放和发展社会生产力,巩固和完善社会主义制度,建设社会主义市场经济、社会主义民主政治、社会主义先进文化、社会主义和谐社会,建设富强民主文明和谐的社会主义现代化国家。"②由此可见,科学社会主义基本原则包括:共产党的领导,发展生产力,确立社会主义制度,坚持无产阶级专政,建设社会主义民主政治,推动文化大发展大繁荣,等等。

(三)根据习近平总书记对这一原则的阐述来概括

习近平总书记2008年3月1日在中央党校2008年春季学期

---

① 中共中央文献研究室编《科学发展观重要论述摘编》,中央文献出版社、党建读物出版社,2008,第62页。
② 胡锦涛:《高举中国特色社会主义伟大旗帜 为夺取全面建设小康社会新胜利而奋斗——在中国共产党第十七次全国代表大会上的报告(2007年10月15日)》,人民出版社,2007,第11页。

开学典礼上发表了题为《关于中国特色社会主义理论体系的几点学习体会和认识》的讲话,将科学社会主义的基本原则概括为八条:"科学社会主义必须以历史唯物主义为理论基石,必须以实现共产主义为最高理想,必须以无产阶级政党为领导核心,必须以解放和发展生产力为根本任务,必须坚持代表最广大人民的根本利益,必须与社会化大生产相联系、以公有制和按劳分配为社会主义经济制度的基础,必须以人民当家作主为社会主义民主政治的本质特征,必须坚持改革和完善社会主义制度和体制机制,等等。"①这"八个必须"的概括凸显了科学社会主义的本质要求,体现了马克思主义创始人对于社会主义的科学构想。

党的十八大以来,习近平总书记多次阐述过科学社会主义基本原则,特别是在2013年"1·5"重要讲话中概括了中国特色社会主义的基本内容,并且从中国特色社会主义基本内容中来提炼科学社会主义基本原则。他说:"这就包括在中国共产党领导下,立足基本国情,以经济建设为中心,坚持四项基本原则,坚持改革开放,解放和发展社会生产力,建设社会主义市场经济、社会主义民主政治、社会主义先进文化、社会主义和谐社会、社会主义生态文明,促进人的全面发展,逐步实现全体人民共同富裕,建设富强民主文明和谐的社会主义现代化国家;包括坚持人民代表大会制度的根本政治制度,中国共产党领导的多党合作和政治协商制度、民族区域自治制度以及基层群众自治制度等基本政治制度,中国特色社会主义法律

---

① 习近平:《关于中国特色社会主义理论体系的几点学习体会和认识》,《求是》2008年第7期。

体系,公有制为主体、多种所有制经济共同发展的基本经济制度。"①在总结出中国特色社会主义基本内容后,习近平总书记立即指出:"这些都是在新的历史条件下体现科学社会主义基本原则的内容,如果丢掉了这些,那就不成其为社会主义了。"②习近平总书记运用了从具体到抽象的马克思主义方法,具体分析了中国特色社会主义的主要内容,认为这些内容都是科学社会主义基本原则的具体化。

根据这一标准,笔者认为:科学社会主义基本原则是科学社会主义理论体系中体现社会主义最本质要求、贯穿社会主义发展全过程的最根本的普遍性原理,基本原则所要求的社会主义基本特征是与其他任何社会制度都有根本区别的。

根据这样一个要求,笔者认为,科学社会主义基本原则主要是以下九个方面:第一,在生产资料公有制基础上组织社会生产,以社会化生产效率的发挥创造出更丰富的社会产品,不断满足全体社会成员的需要。第二,对社会生产进行有组织、有目的的调节,防止生产的无政府状态和各种无序化,使社会能够最大限度地减少浪费,提高效能。第三,实行符合未来社会的社会化生产要求和人们自由全面要求的分配制度,在第一阶段实行按劳分配原则,在高级阶段实行按需分配原则。这些原则是纯粹经济规律的要求。第四,合乎自然规律地改造和利用自然,自然与人类完全成为一体化的,自然是人化的自然,人类是自然化的人类,人类作出的一切重大行动都

---

① 中共中央文献研究室编《十八大以来重要文献选编》(上),中央文献出版社,2014,第110页。
② 中共中央文献研究室编《十八大以来重要文献选编》(上),中央文献出版社,2014,第110页。

是对自然规律的把握和运用。第五,社会能够通过时间的规划和合理分配,减少不必要的劳动时间,提供越来越多的自由时间来发展人们的才能,使每一个人能够实现自由而全面的发展。第六,无产阶级进行斗争的最高形式就是无产阶级革命,这个革命由无产阶级政党领导,以建立无产阶级专政的国家为目的。无产阶级政党不能有自身任何的党派私利,不能代表任何利益集团、任何权势团体、任何特权官僚阶层,始终能够保持自身的先进性、纯洁性、道德性。第七,未来社会的文明程度是非常高的,不仅物质文明要高度发达,政治文明、精神文明、社会文明以及生态文明等都要高度发达,各种制度不仅符合客观规律,而且符合人的本性。人们的道德素质不断提升,越来越脱离动物界。第八,整个社会是共同富裕的,不仅消除了各种各样的贫困问题,而且社会走向全面富裕,每一个人都生活在共同富裕之中。"马克思、恩格斯设想,在未来社会中,'生产将以所有的人富裕为目的','所有人共同享受大家创造出来的福利'。"①马克思在《1857—1858年经济学手稿》中说,在未来社会中,社会生产力的发展将如此迅速,生产将以所有人的富裕为目的。第九,通过无产阶级专政的国家向无阶级、无剥削、无国家的共产主义高级阶段过渡。在向共产主义高级阶段前进的过程中,无产阶级的国家政权必须大大加强,不能有丝毫的削弱。

三、科学社会主义基本原则对于中国式现代化建设的现实价值

在新时代坚持和发展中国特色社会主义事业,很重要的一点就

---

① 习近平:《在纪念马克思诞辰200周年大会上的讲话》,人民出版社,2018,第20页。

是要深入把握和运用好科学社会主义基本原则,紧密结合当代中国发展的实际,紧密结合时代本质与特征,紧密结合中华优秀传统文化。

(一)坚持科学社会主义基本原则就必须把我们党建设得越来越强大

坚持科学社会主义基本原则就要深入推进党的建设,使我们党能够始终成为全国人民的主心骨。科学社会主义基本原则告诉我们,无产阶级事业能否兴旺发达,最根本的最关键的就是能否有一个强大的无产阶级政党。一百年来,中国共产党坚持科学社会主义基本原则,发展成为具有重大全球影响力的世界第一大执政党。正是因为我们有世界上人数最多质量最好因而力量最强的马克思主义政党的坚强领导,才书写出了中华民族有史以来最恢宏的史诗。

为什么我们能够形成这样伟大的政党?根本的一点就是遵循科学社会主义基本原则的要求,强调无产阶级政党不能有自身的特殊利益,始终保持党的先进性纯洁性无私性。从无产阶级政党的性质要求看,它代表的是整个无产阶级的根本利益,代表无产阶级运动的发展方向,不能有自己的党派私利。中国共产党代表着中国先进生产力的发展要求,代表着中国先进文化的前进方向,代表着中国最广大人民的根本利益,从来不代表任何利益集团、任何权势团体、任何特权阶层的利益。我们党没有自己的特殊利益,既没有经济上的特殊利益,更没有政治上的特殊利益,党的利益只有一个,这就是最广大人民群众的现实利益和根本利益。这就决定了我们党不会为少数人谋利益,更不会为利益集团谋利益。我们党是全心全意为人民服务的政党,党与人民命运与共,党员干部是人民的勤务员、办事员、公仆,不是为资本和有钱人服务的,更不是为权势团体服务的。我们党带领人民消灭了在中国延续几千年的封建剥削压迫制度,实现了从封建专制政治向人民民主的伟大飞跃,建立了人人平等的新社会,坚决反对各种特权思想、特权作风、特权现象,不会允许形成特权官僚集团,更不可能代表这些人的利益。

纵观马克思主义政党发展的历史,可以看出,有的党因为只维护少数人既得利益而逐渐衰败了,有的党始终警惕利益集团的影响而壮大起来;有的党因为成为某些权势团体的代言人而一步步式微了,有的党摆脱了权势团体的影响而发展起来;有的党因为变成了特权官僚阶层而走向了消亡,有的党始终反对特权利益和特权制度而强大起来。我们党之所以能够做到从来不代表任何利益集团、任何权势团体、任何特权阶层的利益,根本原因在于我们党一直强调党的先进性、纯洁性、无私性。先进性使我们党始终走在时代前列,自觉自愿地为人民谋幸福,而不是为极少数人的利益集团服务;纯洁性使我们党能够坚守马克思主义政党的根本性质,做到不变质、不变色、不变味,自觉地抵制只代表一部分人的权势团体的影响;无私性使我们党能够不断推进自我革命,消除各种杂质和包括特权行为在内的形形色色的腐败现象,切实防止形成一个损害人民利益的特权官僚阶层。

在推进社会主义现代化的过程中,必须通过自我革命,做到永远不代表任何利益集团、任何权势团体、任何特权阶层的利益。2021年七一讲话中,习近平总书记指出:"中国共产党始终代表最广大人民根本利益,与人民休戚与共、生死相依,没有任何自己特殊的利益,从来不代表任何利益集团、任何权势团体、任何特权阶层的利益。"①党的十九届六中全会的《决议》指出:"党代表中国最广大人民根本利益,没有任何自己特殊的利益,从来不代表任何利益集团、任何权势团体、任何特权阶层的利益,这是党立于不败之地的根本所在。"②党的十八大以来,习近平总书记多次指出:"党内决不能搞封建依附那一套,决不能搞小山头、小圈子、小团伙那一套,决不能搞门客、门宦、门附那一套。"③"不允许搞团团伙伙、帮帮派派,不允许搞利益集团、进行利益交换。"④2019年年初,中共中央印发《关于加强党的政治建设的意见》,明确提出"坚决防止党内形成利益集团攫取政治权力、改变党的性质"的要求。党的十九届六中全会的《决议》指出:"党聚焦政治问题和经济问题交织的腐败案件,防止党内形成利益集团,查处周永康、薄熙来、孙政才、令计划等严重违纪违法案件。"⑤习近平总书记2021年11月11日在党的十九届六中全会第二次全体会议上的讲话中再次强调了这一论断,他说:"我在庆祝中国共产党成立一百周年大会上讲到,中国共产党从来不代表任何利益集团、任何权势团体、任何特权阶层的利益。这次全会《决议》再次重申了这句话。"⑥为什么如此三番五次地讲这个问题?习近平总书记指出:"这既是回击一些别有用心的人想把我们党同人

---

① 习近平:《在庆祝中国共产党成立100周年大会上的讲话》,人民出版社,2021,第11—12页。

② 《中共中央关于党的百年奋斗重大成就和历史经验的决议》,《人民日报》2021年11月17日,第01版。

③ 中共中央纪律检查委员会、中共中央文献研究室编《习近平关于党风廉政建设和反腐败斗争论述摘编》,中国方正出版社、中央文献出版社,2015,第40页。

④ 中共中央纪律检查委员会、中共中央文献研究室编《习近平关于党风廉政建设和反腐败斗争论述摘编》,中国方正出版社、中央文献出版社,2015,第47页。

⑤ 《中共中央关于党的百年奋斗重大成就和历史经验的决议》,《人民日报》2021年11月17日,第01版。

⑥ 习近平:《以史为鉴、开创未来 埋头苦干、勇毅前行》,《求是》2022年第1期。

民分割开来、对立起来的企图,也是提醒全党,在为谁执政、为谁用权、为谁谋利这个根本问题上头脑要特别清醒、立场要特别坚定。"①这段话讲得有深意。

(二)科学社会主义基本原则不是教条,而是行动的指南和方法

有的人把科学社会主义基本原则理解为一种条条框框,甚至理解为某种"教义"或者"信条",认为坚持科学社会主义基本原则就是束缚自己的发展。这些理解是不正确的。

作为指南,科学社会主义基本原则指明了我们前进的大的历史趋势,使我们始终沿着正确的历史方向前进。科学社会主义基本原则强调了人类社会发展的总趋势就是用社会主义取代资本主义,最终实现人的自由全面发展的共产主义。这个大的历史趋势是任何人也无法改变的,只有遵循这一趋势,才能顺应大势创造新历史、书写新篇章。当然这一历史趋势不会自动到来,需要无产阶级政党的艰苦努力,需要发挥无产阶级的历史首创精神,通过坚持不懈地推动无产阶级革命,建立无产阶级政权,发展生产力,推动社会不断进步。

作为指南,科学社会主义基本原则从整体上回答了什么是社会主义、怎样建立社会主义、如何发展社会主义、如何最终实现共产主义等基本问题。我们把握科学社会主义基本原则,不仅要深入把握其中的每一条原则,还要从整体上、从逻辑上把握所有原则之间的内在联系,更要把握其整体性所蕴含的精神实质和基本要求。科学社会主义基本原则的整体性要求我们在把这些原则与本国实际相结合时,要更加注重全面性、系统性、统一性,运用任何一项基本原

---

① 习近平:《以史为鉴、开创未来 埋头苦干、勇毅前行》,《求是》2022年第1期。

则都要注意这一原则与其他原则的关系,不能孤立地去运用。比如说,未来社会生产的有组织性是与生产资料的社会化相联系的,同样,实行的按劳分配制度和按需分配制度都是与生产资料的社会化和生产的有组织性紧密联系在一起的。

作为指南,科学社会主义基本原则还告诉我们建立和推进社会主义现代化的一些重要的方法。比如马克思强调的劳动时间的节约以及自由时间的增加,就是自由时间分析法。这一方法告诉我们,未来社会要给广大群众更多地更充分地发展自己才能的时间。在我们推进社会主义事业的过程中,就要更加注重增加人们的自由时间。发展全过程人民民主,使人民群众有更多的民主选举时间,同时有更多的民主决策、民主管理、民主协商、民主监督时间。建设学习型社会、学习型政党,就是给人们更多的学习时间,丰富自己的知识和才能。再把各种休闲时间计算在内,中国民众的自由时间是相对比较充分的,这种自由时间随着经济社会发展是会不断增加的。

(三)坚持科学社会主义基本原则可以使我们在现代化进程中不会步入诸如"福利陷阱"这样的困境中

进一步健全和完善社会保障制度,是中国式现代化的内在要求,也是新时代我国推进国家治理现代化的重心工作之一。2021年2月26日,习近平总书记在中共中央政治局第二十八次集体学习时强调:"社会保障是保障和改善民生、维护社会公平、增进人民福祉的基本制度保障,是促进经济社会发展、实现广大人民群众共享改革发展成果的重要制度安排,是治国安邦的大问题。"① 中国福利制度的定位和功能是与中国特色社会主义经济制度相一致的,具有自身独特的历史社会基础和发展逻辑,不可能复制西方福利国家的模式。二战后发达经济体的福利体制虽然比较完整和复杂,但是问题暴露得也比较充分,其经验教训值得我国汲取。

1. 我国福利制度的调整方向和目标模式

如何看待中国福利制度和相关政策的调整方向?这个问题应当从经济和政治两个方面来认识。从经济方面来看,中国作为发展中国家,在经济发展中不断推动福利增进是必要的。以民生建设为基础的福利增进,既是保证我国经济可持续增长的基础性工程,也是促进我国经济转向高质量发展的有效手段。民生导向性的福利增进具有巨大的正向反馈作用,这一点在脱贫攻坚中已经得到充分的体现和被实践所证明。由于脱贫攻坚过程中我国坚持将"两不愁,三保障"作为基础性工程,从根本上优化了贫困地区和贫困人口的发展环境,大大增强了中西部地区的内生发展动力,目前中西部地区的经济增长速度已经快于东部地区。

从政治方面来看,中国经济发展是以人民为中心的发展,发展的目的是要不断满足人民群众对更美好生活的向往。以扩大福利供给为主要目标,不断完善国家治理是新时代发展的应有之义。在《中共中央关于制定国民经济和社会发展第十四个五年规划和二〇三五年远景目标的建议》中,我国首次提出"全体人民共同富裕取得

---

① 《完善覆盖全民的社会保障体系　促进社会保障事业高质量发展可持续发展》,《人民日报》2021年2月28日,第01版。

更为明显的实质性进展"①,并针对改善人民生活品质突出强调了"扎实推动共同富裕"。因此,我国增进人民福利在政治上绝不是权宜之计,而是将福利政策确定为最高的政策目标。为了实现对人民群众的庄严承诺,必须通过不断完善社会保障制度推动共同富裕的实现,我国福利政策的调整是必然趋势。

新时代我国福利制度目标模式的抉择,要兼顾普惠性、保障性、公平性和发展性等多个方面的要求。不仅要在基本福利上夯实基础,而且要在保障空间上留有余地;不仅要在总量上提高福利保障水平,而且要在结构上优化福利支出内容。从根本上看,我国福利制度的目标模式是要加快构建与中国特色社会主义现代化强国相适应的,更加完善、更加公平、更可持续和更高水平的社会保障制度。

2.社会保障制度的改革调整应着眼于促进共同富裕的实现

以促进共同富裕为中心推进福利制度改革,在我国具有经济上的雄厚基础和制度上的先天优势。公有制为主体的所有制结构,决定了我国福利制度比西方国家有更坚强的经济支撑。社会主义社会中国家、集体和个人长远和根本利益的一致性,是我国福利制度构建和不断调整的重要条件。社会主义市场经济下的福利保障不同于西方社会保障,不会陷入福利陷阱。这是因为,西方民主选举是以空洞和过度的承诺作为选举工具,西方党派间围绕选举进行的争斗导致其严重的福利刚性,福利只能单向度调整。西方社会的福利变革不仅难以及时应对形势变化和满足人民的需要,而且还常常因过度保障导致经济效率下降,影响社会整体发展活力。西方社会

---

① 《完整准确全面贯彻新发展理念　确保"十四五"时期我国发展开好局起好步》,《人民日报》2021年1月30日,第01版。

中央(联邦)政府和地方政府的事权财权分割,使得其福利制度具有碎片化特征,影响到福利制度本身的绩效。而我国社会主义市场经济下的福利,具有真正的全民性。我国社会主义民主是全过程的民主,是中央和地方、集体和个人在根本利益上相一致的民主,这一特点决定了我国的福利水平既能够使人民在发展中受益,同时也不会超越经济发展实际水平的承担能力。

社会保障水平的提高一般是均衡的,它具有普惠性、总体性、广覆盖、均衡性等特点,能够在某种程度上缓解收入分配差距带来的不公平感。如,在获得感方面,福利保障可以使社会全体成员获得较公平的社会氛围,增强对国家经济发展前景目标的信心。在经济安全方面,福利保障可以增强大众面对突发风险和临时性困难的能力。社会保障水平的提高,可以产出逆向的挤出效应,即节省低收入群众的基础性开支,减轻其预防性支出,从而为扩大内需奠定坚实基础。

3. 坚持福利保障水平与经济发展阶段的统一

合理的福利保障水平,必须与经济发展阶段相适应。目前,我国福利政策调整并不是一个简单的提高保障水平的问题,而是涉及人民生活、经济发展和经济效率等因素的系统性难题,需要放在整体框架下来认识。作为民生重要组成部分的社保制度,应与经济增长同步发展,既不能滞后也不应超前,滞后将不利于扩大消费和经济增长,超前会"透支"经济增长的可持续性。

从历史经验看,福利政策调整需要加强民生支出。民生财政的关键是政府支出由投向生产建设的支出向提高人民福利的支出(例如医疗、教育、社保以及保障性住房、社区、公园等方面)转变。从世界经济发展的历史来看,政府对民生的投入与社会福利的提高并非简单正相关的关系。一方面,我国正处于并将长期处于社会主义初级阶段,经济增长仍然是能否可持续增进社会福利的决定因素。在有限的财政收入中,如果用于社会福利的规模过大,会因经济增长率下降而影响福利增长的基础。另一方面,也不能为了追求经济增长而忽视社会福利的改善。尤其在我国进入中等收入国家行列以后,随着城市化的不断推进,居民对政府公共物品提供提出了更高的要求,政府应当加大政府投入中对民生财政的投入,以期改善社会福利水平。既不能将福利的增进与经济发展对立起来,超越发展阶段和现实经济能力推行福利赶超政策,也不能单纯注重发展而不注重民生建设和改善民生福利。在这方面,曾经进入中等收入国家行列的拉美国家所进行的福利赶超的失败值得借鉴。

提高福利保障与发展经济相统一,需要加强福利政策的针对性。增加财政支出中对民生建设的投入,可以促进经济增长,同时也能大大提高社会福利水平,民生建设和经济增长并不是彼此对立的关系。中国是一个大国,各地区经济发展不平衡,民生建设投入也不能替代福利的保障性投入,特别是要重视公共物品的均等化供给。广大中西部地区经济发展水平还比较落后,政府对于公共物品的提供程度也较低。在这些地区,中央政府应当加大对于公共物品的提供力度,以提高这些地区的福利水平。

4. 提高福利保障能力应与经济高质量发展相结合

完善的福利保障制度可以缓解产业结构调整升级过程中的阵痛,为资源重新配置促进经济高质量发展创造条件。西方国家新经济的兴起和产业结构的快速飞跃,在一定程度上和其完善的福利保障制度有着内在的联系。福利保障不足,经济结构优化升级过程中会面临过多的掣肘,由于从业人员的结构性失业本身会带来产业变革中的阵痛,这些会构成变革本身的成本,使产业结构升级难以持续进行。美国等国家的去工业化过程,尽管是服务于国际金融垄断资本的需要,导致其国内就业面临巨大难题,但去工业化本身能够推行也是和完善的社会福利保障制度有关的。

中国经济高质量发展要以人的高质量发展为基础,培育高素质的人才队伍,就必须在教育卫生、科技支撑等领域投入资源以提供基础性保障,维持一个较稳定同时也可以随着经济发展要求动态调整的人才队伍。同时,经济高质量发展要能够经得起结构化调整的阵痛,特别是在我国推动供给侧结构性改革的背景下,企业撤并、关停,过剩产能的消化等,均需要建立一个安全阀,福利制度的改进应当在这方面发挥出应有作用。

推进福利制度与高质量发展的结合,既要重视构建保护型福利制度,也要重视生产型福利体制的构建。一方面,要重构政府在劳动力市场中的角色,完善兜底性的福利项目,并加大政府对就业部门和人员的补助和津贴,为社会稳定和全面小康编织一张覆盖全面的防护网。另一方面,政府部门也要适应发展的需要,在福利政策的侧重点和福利项目的安排上重视提高市场竞争力,对特定行业、企业和人员给予福利支撑和帮助,将福利制度的功能与特定行业、企业或人群的发展能力提升结合起来。

5. 完善福利政策应与注重经济效率相统一

社会主义市场经济有着足够多的特殊性,中国特色社会主义具有自己的独特发展基因,因此中国福利分配的原则也和世界各国有着本质上的差异。中国必须立足于特殊的社会经济环境,从更加长远和宏观的层次出发规划我国的福利体制和政策。

社会主义市场经济既具有社会主义属性,也具有市场经济的一般属性,在实践中必须坚持公平和效率的内在统一,特别是在再分配领域要更加重视社会公平。福利制度调整也要贯彻这一原则。既要将福利的保障性、公平性放在第一位,同时也要防止西方的"福利病",注重提高经济效率。中国福利体制既不是亚洲开发银行定义的所谓"保守主义"福利体制,也不是所谓保守主义和自由主义的混合体制。中国的福利体制从传统体制中改革重生,摒弃了"大锅饭"的做法,也突破了平均主义思想的禁锢,从而具有自己的理念和模式,即注重公平、保障基本和提升效率。因此,推动福利制度的调整绝不是要搞福利扩张。

推进我国福利制度的调整和完善,要正确地看待福利平等主义观点。"福利平等"应当被局限在基本保障范畴内,而不是覆盖到所有福利项目。这是激发市场效率、加快经济高质量发展的前提。福利制度改革的目标和福利政策的落脚点,应当是兼顾社会福利的最大化和福利政策效果的最优化,而不应是福利的完全均等化。所以,要改变关注福利差距有余而对福利效应认识不足的状况,坚定市场经济改革方向发展经济,以逐步提高福利水平和不断调节福利差距并举的双路径策略解决福利政策面临的矛盾与问题,这不仅有利于避免福利陷阱,而且是履行政府责任,提高福利政策效率的有效途径。因此,福利制度的调整,重点是要解决福利水平的适度、福利资源的配置优化等问题。根本的目的,是要在持续加大投入福利资源的同时,最大化福利的积极效应。

(四)科学社会主义基本原则是不断丰富和发展的,其在实践中的运用必须是创造性的

科学社会主义基本原则不是哪个人头脑中的主观产物,也不是哪个思想家灵光一闪的主观臆造,而是在世界社会主义波澜壮阔的历史进程中不断总结、不断实践的产物。习近平总书记强调说:"科学社会主义和空想社会主义的一大区别,就在于它不是一成不变的教条,而是把社会主义看作一个不断完善和发展的实践过程。"①科学社会主义基本原则要求我们一方面在运用其原则时不能僵化、机械,要有创造性,另一方面还要把实践中形成的带有普遍规律性的理念上升为基本原则。

科学社会主义基本原则的运用从来都是要求根据国情、历史传统、时代特征创造性进行的,机械地照抄照搬从来都不会成功,也不符合这一原则的精神。中国共产党人一百年来遵循科学社会主义基本原则的精神实质,不断创造性运用这些原则。我们把科学社会主义基本原则与中华文明相结合,使之产生出丰硕的成果。习近平总书记指出:"马克思主义传入中国后,科学社会主义的主张受到中国人民热烈欢迎,并最终扎根中国大地、开花结果,绝不是偶然的,而是同我国传承了几千年的优秀历史文化和广大人民日用而不觉的价值观念融通的。"②在中国特色社会主义新时代,我们把中华民族创造的关于国家制度和国家治理的丰富思想,诸如大同理想、大一统传统、德治主张、民本思想、平等观念、正义追求、道德操守、用人标准、改革精神、外交之道、和平理念等,都转化为中国特色社会主义制度和国家治理体系深厚的历史滋养。

社会主义实践是丰富多彩的,是越来越宏大的,科学社会主义基本原则也必须随着实践的进程而发展。中国共产党对于社会主

---

① 习近平:《坚持和完善中国特色社会主义制度推进国家治理体系和治理能力现代化》,《求是》2020年第1期。

② 习近平:《坚持和完善中国特色社会主义制度推进国家治理体系和治理能力现代化》,《求是》2020年第1期。

义本质的认识,对于社会主义发展阶段的认识,对于社会主义市场经济的认识,都是对科学社会主义基本原则的丰富和发展。我们坚持和运用科学社会主义基本原则,强调社会主义发展的阶段性,同时创造性地提出了社会主义初级阶段理论以及新发展阶段论等。谈到新发展阶段时,习近平总书记指出:"就理论依据而言,马克思主义是远大理想和现实目标相结合、历史必然性和发展阶段性相统一的统一论者,坚信人类社会必然走向共产主义,但实现这一崇高目标必然经历若干历史阶段。我们党在运用马克思主义基本原理解决中国实际问题的实践中逐步认识到,发展社会主义不仅是一个长期历史过程,而且是需要划分为不同历史阶段的过程。"①正是这种创造性使我们党不仅提出了社会主义初级阶段的理论,而且提出初级阶段也不是一成不变的,而是有自身发展阶段的。新发展阶段就是社会主义初级阶段中的一个阶段,是其中经过几十年积累、站到了新的起点上的一个阶段,是初级阶段阶梯式递进、不断发展进步、量的积累接近质的飞跃的阶段。

我们坚持科学社会主义基本原则,同时在实践中创造性运用这一原则,提出了社会主义本质论。1992年邓小平同志在南方谈话中指出,社会主义的本质是解放生产力,发展生产力,消灭剥削,消除两极分化,最终达到共同富裕。当然,这一本质论需要继续丰富和发展。30多年过去了,我们党对社会主义的认识大大加深了,需要有新的概括和总结。不同时期概括社会主义本质,根本目的就是要解决当前的根本任务。30多年来,中国的生产力得到了极大解放和发展,消灭剥削的任务也早已经得到解决,消除两极分化和实

---

① 习近平:《把握新发展阶段,贯彻新发展理念,构建新发展格局》,《求是》2021年第9期。

现共同富裕是摆在我们面前的迫切任务。因此,要根据新时代中国特色社会主义事业的发展,对社会主义本质进行新的概括。新的概括不仅能够指导今后社会主义事业发展,而且会极大地丰富科学社会主义的基本原则。

科学社会主义基本原则是中国特色社会主义事业兴旺发达的深厚根源所在,是万里长河的不竭源泉所在。科学社会主义基本原则是推进中国式现代化不断发展的定盘星,是北斗星。这些原则使我们在现代化道路的开拓中不仅不会迷失方向,而且会在运用这些原则中使现代化道路越走越宽广。我们要在坚持这一基本原则的基础上,不断深化对这一基本原则的认识,并不断丰富和发展这一基本原则从而使中国特色社会主义事业永葆青春活力。

第六章
中国式现代化的世界意义

中国式现代化可以说是21世纪人类发生的最重大的事件之一,中国不仅要在2035年基本实现社会主义现代化,而且要在2049年建成富强民主文明和谐美丽的社会主义现代化强国。中国式现代化无论是其结果,还是其过程,都会对人类社会发展产生巨大影响。中国式现代化的世界意义在哪里?我们可以从以下几个方面进行透视和研究。

一、中国式现代化是在不断回答国际社会的质疑中发展着的现代化

在国际社会中,关心中国现代化的学者很多。也可以说,从来没有哪一个国家的现代化会引起如此众多的国际社会学者的关注。这种关注像浪潮一样,一波接着一波。

(一) 罗兹曼、布莱克和利维之问

早在20世纪70年代中后期,中国的现代化发展之路就引起了美国一批研究现代化问题学者的深入讨论。美国哥伦比亚大学、普林斯顿大学、斯坦福大学的一批著名教授从1974年12月开始酝酿,经过1977年2月和11月、1978年4月和9月以及1979年5月和10月多次研讨修改,于1980年出版了《中国的现代化》一书。在这本书的最后,作者带着重重疑虑对中国的现代化提出了很多问题。

首先是关于民生和分配方面的三个问题。罗兹曼、布莱克和利维在书中连问了三个问题:"今后,城乡劳动人民能够减轻为了经济增长而放在他们肩上的重负吗?会增加新的军事开支而使他们无法减轻这种负担吗?为了提高生产率,在各种工作单位里,强调平均主义和年资的报酬方式会让位于成就取向的物质刺激分配制度吗?"[①]这些问题历史都已经给出了答案。我们先看第一个问题。中国的城乡劳动人民在新中国成立后并没有像西方学者所讲的所谓重负,不仅如此,改革开放这40多年城乡居民的收入大大提高,农民承担的农业税取消了,城市居民也获得了各种福利。"居民收入持续增加,全国居民人均年可支配收入从1978年的171元增加到2020年的32189元。"[②]"改革开放以来,按照现行贫困标准计算,到2020年底,我国7.7亿农村贫困人口摆脱了贫困;按照世界银行国际贫困标准,我国减贫人口占同期全球减贫人口70%以上,

---

① 吉尔伯特·罗兹曼主编《中国的现代化》,国家社会科学基金"比较现代化"课题组译,江苏人民出版社,1995,第672页。
② 中华人民共和国国务院新闻办公室:《中国的全面小康》,人民出版社,2021,第25页。

谱写了人类反贫困史上的辉煌篇章。"①教育事业全面发展，九年义务教育巩固率达94%以上。我国建成了包括养老、医疗、低保、住房在内的世界最大的社会保障体系，基本养老保险覆盖超过10亿人，医疗保险覆盖超过13亿人。常住人口城镇化率达到63%，居民预期寿命由1981年的67.8岁提高到2021年的77.5岁。我国社会大局保持长期稳定，成为世界上最有安全感的国家之一。粮票、布票、肉票、鱼票、油票、豆腐票、副食本、工业券等百姓生活曾经离不开的票证已经进入了历史博物馆，忍饥挨饿、缺吃少穿、生活困顿这些几千年来困扰我国人民的问题总体上一去不复返了。我们再看第二个问题。中国保持着世界上人均极低的国防开支，十三届全国人大四次会议提交审议的预算草案显示，"中国2021年的国防支出为13553.43亿元人民币（约2090亿美元），比2020年增长6.8%。"②中国人均国防支出不到150美元。2021年美国的军费开支为7405亿美元，几乎是中国的4倍，俄罗斯的11倍（654亿美元），占全球军费总开支的40%，美国人均国防支出2400美元，是中国人均的16倍，这种负担很重。最后我们来看第三个问题。改革开放40多年来，中国的分配制度越来越完善，不仅打破了平均主义的大锅饭，而且确立了世界上独一无二的分配制度即按劳分配为主体、多种分配方式并存，这一制度已经成为社会主义基本经济制度的重要组成部分。中国特色的分配制度一方面是社会主义分配制度不断自我完善、自我发展的结果，另一方面是由公有制为主体、

---

① 《中华人民共和国简史》编写组编著《中华人民共和国简史》，人民出版社、当代中国出版社，2021，第438页。

② 《中国2021年国防支出增长6.8%》，中国青年网，2021年3月5日，https://baijiahao.baidu.com/s?id=16933643441619081588&wfr=spider&for=pc，访问时间：2021年11月5日。

多种所有制共同发展的所有制制度决定的。中国特色的分配制度是世界上绝无仅有的一种分配制度,这种分配制度不仅有助于调动广大人民群众勤奋工作、多劳多得的积极性,促进生产力的发展,而且有助于逐步解决收入分配的差距,实现共同富裕。

之后罗兹曼、布莱克和利维又把中国的人口划分为四档,认为各档的付出和收入是不平等的,在各个阶层之间的关系上又提出了一个问题。他们说:"8亿农民生活在多少自给自足的人民公社里,对他们来说,迁居城市的前景几乎不存在。这是第一档。第二档是城市的工人和一般人才,他们也通常没有调动工作和迁居的自由……第三档是近期刚刚吃香的专家,包括大学毕业生,他们具备的技能是稀罕货……第四档是少数的党内干部、政府官员和厂矿管理人员……这些精英分子一直掌管着实际大权。新一代的中国领导人将会怎样来处理这四档人之间的关系呢?"[1]这个问题历史也给出了明确的答案。首先,在我们国家,没有什么人群分档的问题,人群只是一种职业的划分,没有等级区别。其次,我们党不仅重视人才队伍建设,也高度重视农业劳动力的专业以及城市工人队伍建设。党的十八大以来,我国人才队伍快速壮大,人才效能持续增强,人才比较优势稳步增强,我国已经拥有一支规模宏大、素质优良、结构不断优化、作用日益突出的人才队伍,我国人才工作站在了一个新的历史起点上,这为实现现代化提供了人才基础。再次,中国的改革开放加快了社会的流动性,特别是教育制度的改革、户籍制度的改革、就业制度的改革等,这些措施促使社会向上流动性在加快,中国农村转移出来的人口越来越多,很多人成为工人,为国家发展

---

[1] 吉尔伯特·罗兹曼主编《中国的现代化》,国家社会科学基金"比较现代化"课题组译,江苏人民出版社,1988,第672—673页。

贡献了自己的力量,同时也改变了自己的命运。

最后,罗兹曼、布莱克和利维又把问题域扩展至中国的政治场域,连问三个问题:"在新上台的务实派领导人指挥之下,这部官僚机器能够高效率地运转起来吗?与现代化国家经济合作的逐步扩大是否会导致中国对个人自由的进一步承认?在营养、安全、保健以及其他服务方面,中华人民共和国所达到的基本水准,在一个非现代化国家里确实是难以做到的。现在的问题是,在其他方面对现有资源的迫切要求面前,已经达到的水准会依据过去几十年经济能力的扩张和未来年月的经济增长而维持下去并有所提高吗?"①首先,中国的国家机器从来就不是所谓的官僚机器,它是始终为人民服务的政权机构。正是因为它的人民性,才决定了这一机构是不断能够进行自我革新、自我完善、自我提高的。所以,改革开放40多年来,我们进行了多轮机构改革,包括党和国家机构的重大改革,使其运行效率大大提高,有力地推动了经济社会的发展。2019年7月,习近平总书记在党和国家机构改革总结会上的讲话中指出:"党和国家机构履职更加顺畅高效,各类机构设置和职能配置更加适应统筹推进'五位一体'总体布局和协调推进'四个全面'战略布局需要;省市县主要机构设置和职能配置同中央保持基本对应,构建起从中央到地方运行顺畅、充满活力的工作体系;跨军地改革顺利推进;同步推进相关各类机构改革,改革整体效应进一步增强。"②其次,中国公民的自由是由宪法给予充分保障的,不是因为对外开放被迫给予的。中国公民的自由权是特别充分的,并且一直在扩大之

---

① 吉尔伯特·罗兹曼主编《中国的现代化》,国家社会科学基金"比较现代化"课题组译,江苏人民出版社,1988,第673页。

② 习近平:《习近平谈治国理政》第三卷,外文出版社,2020,第106页。

中。这种自由权利在新时代还会有更大发展。2021年9月,中国国务院新闻办公室发布《国家人权行动计划(2021—2025年)》,其中明确指出:"扩大公民自主参与和自由发展空间,完善人身权利、个人信息权益、财产权利和宗教信仰自由权利保障制度,加强人权法治保障,提升选举权和被选举权、知情权和参与权、表达权和监督权保障水平,切实尊重和保障公民权利和政治权利。"①再次,中国的民生保障水平不断提升,领域从过去的营养、安全、保健等方面,扩展到卫生健康、社会保障、婴幼儿养育、老年人晚年看护等多个方面,涉及广大群众生活的各个领域。

(二)福山"六连问"

对中国现代化未来景象的疑问,比较系统的就是福山的"六连问"。美国学者福山2014年出版的《政治秩序的起源:从前人类时代到法国大革命》一书的最后一个部分是"未来会怎样"。他在这一部分中谈了两个问题,其中一个问题就与中国密切相关。他说:就未来的政治发展而言,我们可提出迄今尚无答案的两个问题,第一个与中国有关,"我从一开始就宣称,现代政治制度由强大的国家、法治和负责制所组成。拥有全部三条的西方社会,发展了充满活力的资本主义经济,因而在世界上占主导地位"②。他接着说,"中国今天在经济上迅速增长,但三条中只拥有一条,即强大的国家"③。福山接着问了以下若干问题:"这样的情境能否长久?没有法治或

---

① 《国家人权行动计划(2021—2025年)》,《人民日报》2021年9月10日,第10版。
② 弗朗西斯·福山:《政治秩序的起源:从前人类时代到法国大革命》,毛俊杰译,广西师范大学出版社,2014,第416页。
③ 弗朗西斯·福山:《政治秩序的起源:从前人类时代到法国大革命》,毛俊杰译,广西师范大学出版社,2014,第416页。

负责制,中国能否继续维持经济增长,保持政治稳定?经济增长所引起的社会动员,到底是受控于强大的威权国家,还是激起对民主负责制的强烈追求?国家和社会的平衡长期偏向于前者,如此社会能否出现民主?没有西式的产权或人身自由,中国能否拓展科学和技术的前沿?中国能否使用政治权力,以民主法治社会无法学习的方式,继续促进法治?"① 福山的这六连问表明了他的政治偏见,他始终把西方政治制度等同于自由民主,等同于普适制度,始终把西方国家等同于民主法治社会,把西方以外的国家看作是专制威权国家。当然,我们也要看到,他的提问也隐含着对中国国家能力建构独特性的肯定。

1. 中国的国家能力是真正建立在人民当家作主基础上的,是真正的负责制,是对人民负责,不是对少数人或者某些利益集团负责

中国的国家能力建设以人民为根基。坚持人民至上、以人民为中心,这是当代中国国家治理的最根本性的要求。人民是历史的创造者,是决定党和国家前途命运的根本力量。习近平总书记指出:"必须坚持人民主体地位,坚持立党为公、执政为民,践行全心全意为人民服务的根本宗旨,把党的群众路线贯彻到治国理政全部活动之中,把人民对美好生活的向往作为奋斗目标,依靠人民创造历史伟业。"② 党的百年奋斗从根本上改变了中国人民的前途命运。在这一百年中,中国人民彻底摆脱了被欺负、被压迫、被奴役的命运,

---

① 弗朗西斯·福山:《政治秩序的起源:从前人类时代到法国大革命》,毛俊杰译,广西师范大学出版社,2014,第416页。
② 习近平:《决胜全面建成小康社会 夺取新时代中国特色社会主义伟大胜利——在中国共产党第十九次全国代表大会上的报告(2017年10月18日)》,人民出版社,2017,第21页。

成为国家、社会和自己命运的主人,中国人民对美好生活的向往不断变为现实。我们看看一百年前的中国,人民遭受着深重的灾难,"长夜难明赤县天,百年魔怪舞蹁跹",人民的一声声叹息从茅草屋,从田间地头,从车间工厂中传出。费正清在其主编的《剑桥中华民国史》中谈到20世纪二三十年代中国民众的困苦。他引用相关的材料说:"1930年,即军阀时期被认为结束后的两年,南满铁路的一项研究估计,在山东省,有310000无组织的军人和土匪,再加上192000正规军人,都以农村为生。"[①]当时的中国,基本上都是这种情形。新中国的成立使人民翻身当家做主人,在改革开放新时期,中国人民经过艰苦奋斗,让忍饥挨饿、缺吃少穿、生活困顿这些几千年来困扰我国人民的问题总体上一去不复返了,基本上解决了物质文化要求。进入中国特色社会主义新时代,中国人民充分发挥自己的积极性、主动性、创造性,不仅要实现更高的物质文化要求,还要实现日益增长的民主、法治、公平、正义、安全、环境等方面的要求;不仅要解决"有没有",还要解决"好不好",更要让自身的获得感、幸福感、安全感更加充实、更有保障、更可持续。当今的中国,人民群众是国家的主人翁,有着充分的民主权利,人民不仅通过人民代表大会制度参与国家事务的管理,而且通过全过程人民民主参与自己生活直接相关的领域的管理、决策、监督、协商等;当今中国,人民群众是历史的创造者,不仅在中华大地上创造着人间奇迹,而且在世界舞台上书写着动人的篇章;当今中国,人民群众不仅享受着更好的教育、更稳定的工作、更满意的收入、更可靠的社会保障、更高水平的医疗卫生服务、更舒适的居住条件、更优美的环境、更丰富的精

---

① 费正清编《剑桥中华民国史(1912—1949年)》(上卷),杨品泉等译,中国社会科学出版社,1993,第354页。

神文化生活,而且享受着在幼有所育、学有所教、劳有所得、病有所医、老有所养、住有所居、弱有所扶上不断取得新进展所带来的普惠。这些方面的力度还在日益加大,党的十九届六中全会通过的《中共中央关于党的百年奋斗重大成就和历史经验的决议》明确指出:"必须以保障和改善民生为重点加强社会建设,尽力而为、量力而行,一件事情接着一件事情办,一年接着一年干,在幼有所育、学有所教、劳有所得、病有所医、老有所养、住有所居、弱有所扶上持续用力,加强和创新社会治理,使人民获得感、幸福感、安全感更加充实、更有保障、更可持续。"①

以人民为中心推进国家能力的提升使中国的发展避免了很多国家在现代化过程中遇到的陷阱或者各种病症。建设什么样的乡村、怎么建设乡村,是近代以来中华民族面临的一个历史性课题。从世界范围看,乡村衰退导致的"乡村病"、城市贫民窟是全球共同面临的挑战。新中国成立70余年来,我们以自己的国家能力很好地解决了这一问题。我国农村发展成就举世瞩目,很多方面对发展中国家具有借鉴意义。"赤脚医生"被国际组织誉为"发展中国家群体解决卫生保障的唯一范例";改革开放初期,乡镇企业曾经是众多国家学习的样板;精准扶贫、精准脱贫被世界银行称为"世界反贫困事业最好的教科书"。② 特别是我们在完成人类历史上规模空前、力度最大、惠及人口最多的脱贫攻坚战之后,启动实施了乡村振兴战略。这一战略一是富农民的口袋,加快发展乡村产业,顺应产业

---

① 《中共中央关于党的百年奋斗重大成就和历史经验的决议》,《人民日报》2021年11月17日,第01版。
② 中共中央党史和文献研究院编《习近平关于"三农"工作论述摘编》,中央文献出版社,2019,第14页。

发展规律,立足当地特色资源,推动乡村产业发展壮大,优化产业布局,完善利益联结机制,让农民更多分享产业增值收益;二是富农民的脑袋,加强农村思想道德建设,弘扬和践行社会主义核心价值观,普及科学知识,推进农村移风易俗,推动形成文明乡风、良好家风、淳朴民风。

2.中国的国家能力是建立在法治基础上的,依法治国是坚持和发展中国特色社会主义的本质要求和重要保障

党的十八大以来,我们党始终站在人类政治文明史的高度和人类现代化史的广度来看待国家能力中的法治建设。习近平总书记指出:"法治和人治问题是人类政治文明史上的一个基本问题,也是各国在实现现代化过程中必须面对和解决的一个重大问题。综观世界近现代史,凡是顺利实现现代化的国家,没有一个不是较好解决了法治和人治问题的。相反,一些国家虽然也一度实现快速发展,但并没有顺利迈进现代化的门槛,而是陷入这样或那样的'陷阱',出现经济社会发展停滞甚至倒退的局面。后一种情况很大程度上与法治不彰有关。"①习近平总书记2018年8月24日在中央全面依法治国委员会第一次会议上的讲话中指出:"历史和现实都告诉我们,法治兴则国兴,法治强则国强。"②从我国古代看,凡属盛世都是法制相对健全的时期。春秋战国时期,法家主张"以法而治",偏居雍州的秦国践而行之,商鞅"立木建信",强调"法必明、令必行",使秦国迅速跻身强国之列,最终促成了秦始皇统一六国。汉高祖刘邦同关中百姓"约法三章",为其一统天下发挥了重要作用。

---

① 中共中央文献研究室编《习近平关于全面依法治国论述摘编》,中央文献出版社,2015,第12页。

② 习近平:《加强党对全面依法治国的领导》,《求是》2019年第4期。

汉武帝时形成的汉律60篇，两汉沿用近400年。唐太宗以奉法为治国之重，一部《贞观律》成就了"贞观之治"；在《贞观律》基础上修订而成的《唐律疏议》，为大唐盛世奠定了法律基石。从世界历史看，国家强盛往往同法治相伴而生。3000多年前，古巴比伦国王汉穆拉比即位后，统一全国法令，制定了人类历史上第一部成文法《汉穆拉比法典》，并将法典条文刻于石柱，由此推动古巴比伦王国进入了全盛时代。德国著名法学家耶林说，罗马帝国三次征服世界，第一次靠武力，第二次靠宗教，第三次靠法律，武力因罗马帝国灭亡而消亡，宗教随民众思想觉悟的提高、科学的发展而缩小了影响，唯有法律征服是其中最为平和和最为持久的征服。

正是有这样的认识高度和广度，我们提出了全面依法治国的重大战略任务。全面依法治国是协调推进"四个全面"战略布局的一个战略，是中国特色社会主义基本方略的"十四个坚持"之一，是中国特色社会主义总体布局中的政治建设的重要组成部分之一。这都凸显了我们的国家治理的法治性要求。

我们始终把依法治国作为实现国家治理体系和治理能力现代化的内在要求、重要依托和治国理政的基本方式来认识。要解决党和国家事业发展面临的一系列重大问题、推动经济社会持续健康发展、解放和增强社会活力、促进社会公平正义、确保党和国家的长治久安、不断开拓中国特色社会主义事业更加广阔的发展前景，就要建设社会主义法治国家。2021年12月6日下午，十九届中央政治局就建设中国特色社会主义法治体系进行第三十五次集体学习。中共中央总书记习近平在主持学习时强调，我国正处在实现中华民族伟大复兴的关键时期，世界百年未有之大变局加速演进，改革发展稳定任务艰巨繁重，对外开放深入推进，需要更好发挥法治固根本、稳预期、利长远的作用。要坚定不移走中国特色社会主义法治道路,以解决法治领域突出问题为着力点,更好推进中国特色社会主义法治体系建设,提高全面依法治国能力和水平,为全面建设社会主义现代化国家、实现第二个百年奋斗目标提供有力法治保障。习近平总书记指出:"我们已经踏上了全面建设社会主义现代化国家、向第二个百年奋斗目标进军的新征程,立足新发展阶段,贯彻新发展理念,构建新发展格局,推动高质量发展,满足人民群众对民主、法治、公平、正义、安全、环境等日益增长的要求,提高人民生活品质,促进共同富裕,都对法治建设提出了新的更高要求。"[1]建设社会主义法治国家,就要做到:第一,坚定不移地走中国特色社会主义法治道路。"中国特色社会主义法治道路是一个管总的东西,具体讲我国的法治建设的成就,大大小小可以列举出十几条、几十条,但归结起来就是开辟了中国特色社会主义法治道路这一条。"[2]第二,党和法治的关系是法治建设的核心问题。全面推进依法治国,最根本的就是要坚持党的领导。坚持党的领导,是社会主义法治的根本要求,是党和国家的根本所在、命脉所在。有的人故意把党的领导与依法治国对立起来,制造"党大还是法大"的政治陷阱,以此否定党的领导。第三,推进科学立法、严格执法、公正司法、全民守法协调发展。科学立法就是要在把握立法规律的基础上,完善立法体制,从体制机制和工作程序上有效防止部门利益和地方保护主义法律化,提高立法质量。推进严格执法,主要是解决执法不规范、不

---

[1] 《坚定不移走中国特色社会主义法治道路 更好推进中国特色社会主义法治体系建设》,《人民日报》2021年12月8日,第01版。

[2] 中共中央文献研究室编《习近平关于社会主义政治建设论述摘编》,中央文献出版社,2017,第85页。

严格、不透明、不文明以及不作为、乱作为等问题,推进依法行政制度化、规范化、程序化,建设法治政府。公正司法就是要增进司法公信力,努力让人民群众在每一个司法案件中都感受到公平正义,所有司法机关都要紧紧围绕这个目标来改进工作。全民守法就是要增进全民法治观念,形成守法光荣、违法可耻的社会氛围,使尊法守法成为全体人民共同的追求,法律的权威源自人民的内心拥护和真诚信仰。第四,始终坚持以人民为中心,坚持法治为了人民、依靠人民、造福人民、保护人民,把体现人民利益、反映人民愿望、维护人民权益、增进人民福祉落实到法治体系建设全过程。

像罗兹曼、福山之问这样的问题可以说伴随着整个中国现代化的历史进程。例如最近的一个问题就是"傅高义之问"。2013年哈佛大学费正清东亚研究中心前主任傅高义出版了《邓小平时代》一书,在书中,傅高义说:"在邓小平的领导下,中国出现了不同寻常的高速发展,他的最后一次努力——南方之行——使经济发展进一步加快。这种增长带来一个问题:当中国的经济规模与美国匹敌时,中国将如何作为?邓小平如果还活着的话,他会做什么?"[①]其实,这个问题已经由党的十八大以来的中国式现代化的理论与实践作出了十分明确的回答:到那个时候,中国已经基本上实现了社会主义现代化,将向着社会主义现代化强国迈进。邓小平同志如果还活着的话,他一定会继续坚定不移走自己的路,把中国特色社会主义事业推向一个新的高度。正如习近平总书记在庆祝中国共产党成立100周年大会上的讲话中所指出的:"走自己的路,是党的全部理论和实践立足

---

① 傅高义:《邓小平时代》,冯克利译,三联书店,2013,第659—660页。

点,更是党百年奋斗得出的历史结论。"①党的十九届六中全会通过的《决议》指出:"走自己的路,是党百年奋斗得出的历史结论。党历来坚持独立自主开拓前进道路,坚持把国家和民族发展放在自己力量的基点上,坚持中国的事情必须由中国人民自己作主张、自己来处理。人类历史上没有一个民族、一个国家可以通过依赖外部力量、照搬外国模式、跟在他人后面亦步亦趋实现强大和振兴。那样做的结果,不是必然遭遇失败,就是必然成为他人的附庸。"②

二、中国式现代化是在破解发展中国家现代化面临的各种悖论中成长的现代化

自从西方发达国家实现现代化之后,一批又一批发展中国家都争先恐后地踏上了追求自身现代化的道路,但这条道路不是洒满鲜花和阳光的道路,往往是遍布荆棘和阴霾的道路,无数矛盾、悖论显现在人们面前。有的国家因为辨不清前方是坦途还是深渊,于是陷入泥潭;有的国家在矛盾中挣扎,一方面想推动经济快速发展,一方面想维持社会稳定,由于缺乏解决矛盾的战略思维和正确理论,于是陷入经济发展缓慢与社会持续动荡的恶性循环之中。中国式现代化道路就是要破解各种陷阱和悖论,为发展中国家扫除阴霾。

(一)中国式现代化破解了二战后一些国家面临的现代化与国家独立性之间的悖论

二战之后,一批过去的殖民地半殖民地国家赢得了争取民族独

---

① 习近平:《在庆祝中国共产党成立100周年大会上的讲话》,人民出版社,2021,第13页。
② 《中共中央关于党的百年奋斗重大成就和历史经验的决议》,《人民日报》2021年11月17日,第01版。

立的胜利,但随着冷战格局的出现,赢得独立地位的国家面临着一个矛盾的选择:保持主权独立,就无法实现现代化;要实现现代化,就要丧失主权独立的地位。为什么会出现这样的悖论?第一,这些国家选择的发展道路决定了其现代化的依附性。二战后实现民族独立的国家选择的发展道路基本上是资本主义道路。资本主义的世界体系特别是其政治经济体系是有等级秩序的,处在这一秩序最高层的就是西方少数发达国家。这些国家凭借自身的经济、政治、军事优势把那些不发达资本主义国家都纳入了自身的经济政治体系之中,一些新兴国家正是在这种依附性经济政治体系中实现自身现代化的。这些国家一旦遵循了西方的经济理论和发展模式,其经济增长方式和发展制度就被西方国家格式化了。而且,事实上,实现现代化的这些非西方国家对西方发达国家经济政治的依附程度明显高于非现代化的国家。第二,外国援助的附加条件也造成了依附性。这些新兴国家在实现现代化的过程中要接受外国援助,而外国援助所附加的条件造成的依附性加深。针对这一点,依附理论的代表人物萨米尔·阿明在1976年就指出:人们甚至可以这样认为,多边援助带有迫使受援国接受一定技术模式和特定发展战略的更大危险性,"国际货币基金组织通常用'意向书'向请求援助的政府下达指示,指明该政府必须采取的经济措施,其中几乎一成不变地包含有使贸易和外汇体制自由化的内容。国际货币基金组织的'忠告'总是极力主张经济稳定和自由贸易,也不管他人有寻求较为均衡的增长和较少不平均分配的要求……"[①]这种被现代化的结果就是逐步丧失国家经济政治主权的独立性。中国式现代化是社会主

---

① 塞缪尔·亨廷顿等:《现代化:理论与历史经验的再探讨》,上海译文出版社,1993,第82页。

义性质的现代化,其经济政治体系的发展是相对独立的,不受资本主义经济政治体系的"钳制性"影响。在经济上,中国实行的是社会主义市场经济体制,不同于资本主义市场经济体制,社会主义市场经济体制能够抵御资本主义市场经济的各种消极影响,包括对国家经济主权的影响。在政治上,中国建立的是工人阶级领导的、以工农联盟为基础的人民民主专政的国体,确立的是人民代表大会制度这一根本政治制度。这一国体和根本政治制度使中国式现代化始终走在自己选择的政治发展道路上,不会成为其他政治制度和政治体的附庸。正是在这种独立的经济政治体系的基础上,中国式现代化发展道路才能走得通、走得好。还有特别重要的一点就是,我们通过对国防和军队现代化事业的推进,确保和平发展道路能够真正得以持续走下去。习近平总书记在庆祝中国共产党成立 100 周年大会上的讲话中指出:"以史为鉴、开创未来,必须加快国防和军队现代化。强国必须强军,军强才能国安。坚持党指挥枪、建设自己的人民军队,是党在血与火的斗争中得出的颠扑不破的真理。人民军队为党和人民建立了不朽功勋,是保卫红色江山、维护民族尊严的坚强柱石,也是维护地区和世界和平的强大力量。"[①]由人民军队作为强大维护力量的和平发展道路正是保证国家独立性和现代化相互促进的重要基础。

(二)中国式现代化破解着所谓的现代性意味着稳定、而现代化意味着动荡的"亨廷顿悖论"

美国政治学家亨廷顿发现,对于致力于现代化的国家,"首要的

---

① 习近平:《在庆祝中国共产党成立 100 周年大会上的讲话》,《人民日报》2021 年 7 月 2 日,第 02 版。

问题不是自由,而是建立一个合法的公共秩序"①。他强调,"现代化是近代以来世界历史发展的潮流和趋势,是一个世界性的历史进程,现代性孕育着稳定,而现代化过程却滋生着动乱"②,"产生秩序混乱的原因,不在于缺乏现代性,而在于为实现现代性所进行的努力"③。这是一些发展中国家所存在的一种现象。不少国家致力于实现现代性,也就是建立一个现代化的国家,以实现国家的稳定、繁荣和发展。但是,实现这一目标的过程往往是反现代性的,特别容易出现动荡、混乱和失序。在这里,确实出现了某种悖论:追求的是稳定繁荣,得到的结果却是混乱贫困。出现这种悖论的重要原因在于:在现代化过程中,新的社会群体大量出现,这些群体之间的利益往往彼此冲突,而国家又没有能力解决这些冲突;这些国家实行的议会制度不仅不能够促进最大共识的形成,而且会火上浇油般地加剧这些群体利益的冲突;多党制使国家现代化的目标无法形成一致,一个党一个目标,一个党有一个党的想法,各个党派之间相互攻击,甚至大打出手。

这种悖论在中国式现代化过程中是不存在的。尽管中国式现代化是人类历史上人口规模最为巨大、程度最为复杂的现代化,但整个的过程不会出现亨廷顿所说的现代性与现代化之间的矛盾。

首先,中国式现代化是在党的领导下实现的现代化。中国共产党没有自己的特殊利益,是为人民谋幸福、为民族谋复兴、为世界谋

---

① 塞缪尔·亨廷顿:《变化社会中的政治秩序》,王冠华、刘为等译,三联书店,1989,第7页。
② 塞缪尔·亨廷顿:《变化社会中的政治秩序》,王冠华、刘为等译,三联书店,1989,第38页。
③ 塞缪尔·亨廷顿:《变化社会中的政治秩序》,王冠华、刘为等译,三联书店,1989,第38页。

大同的先进政党，代表最广大人民群众的根本利益。中国共产党的先进性和纯洁性决定了它能够把各个阶级、各个阶层以及各个社会群体凝聚起来，实现他们各方面的利益，消除各种潜在的社会不满，不会造成社会动荡；中国共产党的先进性和纯洁性决定了它能够促进各民族在中华民族大家庭中像石榴籽一样紧紧抱在一起，因为我们党准确把握中华民族共同体意识和各民族意识的关系，不断引导各民族始终把中华民族利益放在首位，本民族意识要服从和服务于中华民族共同体意识，同时要在实现好中华民族共同体整体利益进程中实现好各民族具体利益；我们党努力建设一支维护党的集中统一领导态度特别坚决、明辨大是大非立场特别清醒、铸牢中华民族共同体意识行动特别坚定、热爱各族群众感情特别真挚的民族地区干部队伍，确保各级领导权掌握在忠诚干净担当的干部手中。

其次，中国式现代化是能够最大程度实现人民现实利益和长远利益的现代化。我们建设的现代化是以人民为中心的现代化，这样的现代化不仅要把实现人民对美好生活的向往作为重要的目标，而且能够充分发挥出人民群众在现代化进程中的主体作用。不仅如此，中国式现代化是建立在人民民主基础上的现代化，人民群众能够决定现代化的成果由谁共享、怎样共享。这样的现代化会不断释放出社会矛盾累积的压力，不会因为社会矛盾得不到释放而累积压力，从而造成社会大地震和社会大断层的状况。

再次，我们通过发展全过程人民民主以及社会主义协商民主，及时解决现代化进程中的各种矛盾，不会造成矛盾的叠加。（1）全过程人民民主是化解现代化各种难题的有效之道。实践证明，人民民主是一种全过程的民主。全过程的民主意味着民主的所有环节一个都不能少。完整的制度程序和完整的参与实践，就是要求从制度上和实际运行上保证民主要体现到从选举到决策、管理、监督的全过程,实现全链条化。全过程的民主意味着每一种民主制度都有完整的过程。中国共产党一直高度注重人民代表大会制度的全过程建设,从各级人大代表换届选举到人大代表履职尽职规定,从全国人大常委会工作规范建设到其他各级人大常委会工作规范建设,都是十分完整的。全过程的民主是真实的、不断发展完善的民主。全过程的民主将民主选举、民主决策、民主管理、民主监督彼此贯通起来,以在政治生活中实实在在解决人民群众关心的事情。(2)社会主义协商民主更是化解矛盾凝聚共识的利器。协商民主要求有事好商量,众人的事情由众人商量,"涉及人民利益的事情,要在人民内部商量好怎么办,不商量或者商量不够,要想把事情办成办好是很难的。我们要坚持有事多商量,遇事多商量,做事多商量,商量得越多越深入越好。涉及全国各族人民利益的事情,要在全体人民和全社会中广泛商量;涉及一个地方人民群众利益的事情,要在这个地方的人民群众中广泛商量;涉及一部分群众利益、特定群众利益的事情,要在这部分群众中广泛商量;涉及基层群众利益的事情,要在基层群众中广泛商量"①。有了这种实实在在的协商,各种问题就会迎刃而解。

三、中国式现代化是不断打破西方理论界制造的一个又一个关于东方社会和中国发展魔咒的现代化

一个魔咒就是所谓东方专制主义的魔咒,把包括亚洲在内的所有东方国家都一律说成是专制主义。中国式现代化破除了所谓东

---

① 习近平:《习近平谈治国理政》第二卷,外文出版社,2017,第292—293页。

方专制主义的魔咒。

魏特夫把所谓的东方专制主义进行了系统完整的包装。他先把所有的东方社会全部无一例外地打上专制主义的标签,贴上这样的标签,这对于他而言可谓是一箭双雕:把几十个国家全部列入东方社会,显得十分有气势,想显示出自己理论的整体力量;可以在这几十个国家中随时胡乱抽出一些事例作为自己理论的论据,一会儿讲印度的婆罗门,一会儿讲中国的科举制,一会儿再讲印加帝国时期的秘鲁,再说说薛西斯的波斯帝国,似乎是纵横捭阖,其实是蜻蜓点水。这种研究方式最大的问题就是随意性,可以任意截取一个国家一个民族最黑暗的历史,把不同民族那些黑暗的东西拼接在一起,就似乎展现了整个东方社会从古至今的画面。这种电影蒙太奇式的拼接实际上是对历史客观性的肆意践踏。东方专制主义的概念是典型的西方中心主义的表现,既然东方是专制主义,那么自然西方就是民主主义。

魏特夫把东方专制主义概括为:治水社会、专制权力、全面的恐怖。首先,所谓治水社会是一个地地道道的伪命题。治水是任何一个面临水患或者旱灾的国家都面临的问题,可以说是任何一个社会都要应对的问题,并非是东方社会独有的。古罗马时期,治理台伯河的洪水泛滥以及其他领域的水患一直伴随了罗马共和国近500年。近代以来,荷兰人对于洪水的治理从没有停止过。荷兰自有人类居住以来就一直在与洪水斗智斗勇,大约1000年以前,荷兰北部弗里斯兰地区的僧侣就用草皮建造了最原始的大坝。之后,不同的村庄分别建造了它们各自的堤坝,这些堤坝经合并变成了西弗里斯兰环堤。魏特夫臆造出一个所谓的治水社会,然后描绘了治水社会的种种特征,最后就把臆造的帽子扣在了东方国家头上。

其次,专制权力。在资本主义制度建立之前,实质上不管是哪种社会形态的政权,其内容和形式都是一样的,也就是说,都是专制主义,只不过在表现程度和方式上有所不同而已。罗马即使是共和时期,其制度就不专制吗？公元前 87 年,罗马执政官秦纳召开公民大会,通过了为被苏拉定为"国贼"的马略及其一派平反昭雪、恢复名誉的法案。马略率 6000 名士兵返回罗马,开始大肆屠杀,杀戮持续了五天五夜,其中有元老院议员 50 多人,属于骑士阶级的人数达到了 1000 余人。5 年后的公元前 82 年,苏拉返回罗马,他首先把因大军兵临城下被迫放弃抵抗的 4000 名萨姆尼乌姆族的士兵集中到竞技场上全部残酷杀死。"苏拉的'处罚者名单'上,包括近 80 名元老院议员、1600 名'骑士',总人数据说高达 4700 人。这些人被抓后,或不经审判即被处死、财产被没收,或留下性命、没收财产。他们的子孙后代不得担任罗马的公职。"①这种无法无天的做法难道是民主吗？这不是专制主义是什么？

再次,所谓全面的恐怖。魏特夫认为,治水专制主义的许多发言人都强调必须用刑罚来进行统治。他列举了很多所谓的例子：在古代苏马连的国家徭役中,好像是经常使用"鞭子的语言";自法老时代开始,凡是不愿意缴纳租税的人就要用暴力制服；中华帝国的法典规定,拷打是对不履行财政义务的人的一种标准刑罚；哈里发的世俗法庭用以下方法来逼供："鞭子、绳鞭、棍子、皮带抽打背部和腹部,抽打后脑部、身体的下部、脚、关节和肌肉。"②当谈到西方国

---

① 盐野七生：《罗马人的故事Ⅲ：胜者的迷思》,刘锐译,中信出版社,2012,第 143 页。

② 卡尔·A.魏特夫：《东方专制主义：对于极权力量的比较研究》,徐式谷、奚瑞森、邹如山等译,中国社会科学出版社,1989,第 144 页。

家的刑罚时,魏特夫居然说,西方的刑罚只是暂时的和受到限制的。他毫无根据地说:"幸而西方制度的形态没有使这些倾向永久地持续下去。"①他甚至厚颜无耻地说,体罚这种情况"在西方社会是不会发生的"②。这种无耻在西方政治学历史上虽然有一些,但都没有无耻到这种赤裸裸的程度。恩格斯在《德国农民战争》一书中对于中世纪德国农民遭受的刑罚有着十分详细的描述。恩格斯说:"主人可以任意把农民打死,或者把农民斩首。加洛林纳法典中的那些含有惩戒意义的条款提到了'割耳'、'割鼻'、'剜眼'、'断指断手'、'斩首'、'车裂'、'火焚'、'夹火钳'、'四马分尸'等等,其中没有一项不被这些尊贵的老爷或保护人随心所欲地用来对付农民。"③这些刑罚比所谓的东方社会少吗?

中国式现代化从根本上打破了所谓的东方专制主义的臆造。新中国的建立,不仅实现了几千年封建专制向人民民主的伟大跨越,而且使我们建立了人类政治文明上具有重要创新价值的一系列伟大政治制度。这是我们推进社会主义现代化的重要制度保障。中国的现代化是建立在社会主义民主基础之上的,绝对不是什么威权主义或者专制主义条件下的现代化。威权主义或者专制主义是不可能让中华民族实现现代化的,只会成为现代化道路上的绊脚石或者拦路虎。

---

① 卡尔·A.魏特夫:《东方专制主义:对于极权力量的比较研究》,徐式谷、奚瑞森、邹如山等译,中国社会科学出版社,1989,第144页。

② 卡尔·A.魏特夫:《东方专制主义:对于极权力量的比较研究》,徐式谷、奚瑞森、邹如山等译,中国社会科学出版社,1989,第144页。

③ 中共中央马克思恩格斯列宁斯大林著作编译局编译《马克思恩格斯文集》第二卷,人民出版社,2009,第232页。

四、中国式现代化是在创造人间奇迹的过程中壮大的现代化

中国式现代化总是给人们以惊喜和预料之外的东西,它总是在创造奇迹中印证着一些学者的判断和预言,在创造奇迹中不断使自身壮大。

(一)中国式现代化正在实现罗素 100 多年前的预言

100 多年前的 1922 年,英国著名哲学家罗素在经历了 1920 年 10 月到 1921 年 7 月在中国 9 个月的讲学和考察后,出版了《中国问题》一书,全面而系统地阐述了他对中国的认识。应当说,有些认识在 100 多年后的今天看来,仍然具有其睿智的一面。罗素认为,中国还远不是一个工业化的国家,但这个国家实现工业化的机会非常大。机会首先在于中国的政治必须改变,有一个好的政府与政治。他指出,"如果中国的政治状况不是太糟糕的话,那么,将来几十年间工业当有长足的进步"①。应当讲,这一论断是符合实际的。

罗素十分强调中国未来的发展必须在建立一个有序政府的基础上,中国不仅能够很好地发展自己的工业,而且还能够避免走西方那种私人资本势力过大、人民备受其压制的工业化道路。罗素说:"如果中国能建立势力巩固、信用卓著的政府,那么,工业的发展可免重蹈西方的覆辙。"②不仅如此,罗素还预言说,只要中国能够实现国家独立,而且不走西方那种帝国主义道路,中国一定会给人类展现出一种全新的图景。他说:"如果中国的改革者在国力足以

---

① 伯特兰·罗素:《中国问题》,秦悦译,学林出版社,1996,第 189 页。
② 伯特兰·罗素:《中国问题》,秦悦译,学林出版社,1996,第 195 页。

自卫时,放弃征服异族,用全副精力投入于科学和艺术,开创一种比现在更好的经济制度,那么,中国对世界可谓是尽了最恰当的义务,并且在我们这样一个令人失望的时代里,给人类一个全新的希望。"①100多年前罗素的预言正在变成活生生的现实。新中国成立后,中国的工业化不断发展,中国式现代化道路越走越宽广,一个给人类带来希望的社会主义现代化的中国出现在人类文明的地平线上。在那个风雨如晦的中国,只有那些具有正义信念而且对人类进步有真正把握的思想家才能对中国的未来作出这样的判断。罗素的预见不仅是他作为思想家所具有的真知灼见的体现,也是他对中国情感的体现。罗素一直强调,中国从未侵略过他国。他指出:"如此说来,中国要胜于我们英国。我们的繁盛以及我们努力为自己攫取的大部分东西都是靠侵略弱国而得来的,而中国的力量不至于加害他国,他们完全是依靠自己的能力来生存的。"②中国的发展,中国式现代化始终靠自身内生的力量,不是靠侵略他人或者是殖民他国。中国从来不是寄生性国家,不会去把自己的躯体寄生在别的国家人民的身上,而是自力更生、发愤图强。

(二)中国式现代化正在实现古德诺90多年前的猜想

古德诺是美国大学教授,1913—1914年被美国政府派往中国担任北洋政府的法律顾问。1915年8月上旬,古德诺在北京《亚细亚日报》上发表了《共和与君主论》。在此文中,古德诺提出:"然中国如用君主制,较共和制为宜,此殆无可疑者也。"③这篇在中国鼓

---

① 伯特兰·罗素:《中国问题》,秦悦译,学林出版社,1996,第198页。
② 伯特兰·罗素:《中国问题》,秦悦译,学林出版社,1996,第3—4页。
③ 古德诺:《解析中国:观察》,蔡向阳、李茂增译,国际文化出版公司,1998,第141页。

吹实行君主制的文章,立刻被袁世凯及其亲信奉为推行帝制的理论基础。当然,这种逆历史潮流而动的理论必然破产。袁世凯推行帝制失败后,古德诺回到美国,继续研究中国问题,1917年秋天他在波士顿的罗厄尔学院发表过一系列演讲。1926年撰写出版了《解析中国:观察》一书。在这本书的最后,古德诺提出:因为外来侵略加在这个国家身上的种种灾难,产生了强烈的爱国主义精神,这个民族开始努力寻求自身的振兴,"我们丝毫不用怀疑将来会有这么一天——当然没人能准确地说出到底是什么时候——中国人民族性格中那些内在的、最基本的优秀基因又将重新焕发出青春,中华文化又将重领世界的风骚。当这一天到来的时候,在世界的面前将奇迹般地出现一个崭新的中国,它将是一个有着良好秩序的国度。这样一个复兴后的中国将不负人们的期待,又将重新担负起她在历史上曾多次担负过的任务,向世界的其他民族贡献出她丰厚的文化积累,以补其他民族的不足"①。尽管古德诺有那么一段极不光彩的历史,为袁世凯的帝制复辟摇旗呐喊的行径也被钉在历史的耻辱柱上,但他的这段论述却还是清醒的。

今天的中国,在共产党的领导下,在社会主义制度的基础上,中华文明正在焕发出新的生命。马克思主义正在与中华优秀传统文化相结合,中国特色社会主义正在深深扎根于中华文明之中。马克思主义正在激活中华优秀传统文化,使中华优秀传统文化不仅成为广大百姓日用而不觉的东西,而且使中华优秀传统文化日益成为共产党人的价值理念、行为规则。例如实事求是既是我们党的思想路线,还是我们党推进党内政治生活的基本规范,更是共产党人的价

---

① 古德诺:《解析中国:观察》,蔡向阳、李茂增译,国际文化出版公司,1998,第135页。

值观。中国特色社会主义正在把中华文明中关于国家治理的观念转化为制度体系,把中华文明关于未来社会的追求变成一个又一个现实,把中华文明关于人生哲学的理念变成公民的道德要求。

  中国是世界上最大的社会主义国家,中国式现代化以其伟大创造将载入世界社会主义现代化的史册;中国是世界上最大的发展中国家,中国式现代化以其伟大奇迹撰写出人类现代化的新篇章;当中国建成社会主义现代化强国、成为世界上第一个不是走资本主义道路而是走社会主义道路成功建成的现代化强国时,中国式现代化的伟大世界意义会更加鲜明、亮丽,更加耀眼、辉煌。

结　语

历史已经进入21世纪第三个十年的第三年,人类面临的问题复杂缠绕,似乎处于无解的状态,既像斯芬克斯之谜,又像西西弗斯。在这样一个不稳定不确定的世界格局中,有一种稳定和确定的力量,那就是中国式现代化。

首先,中国式现代化是符合国情的正确道路,走在这条道路上,党和人民就具有无比广阔的舞台。

习近平总书记在庆祝中国共产党成立100周年大会上的重要讲话中指出:"走自己的路,是党的全部理论和实践立足点,更是党百年奋斗得出的历史结论。"①进入新时代,中国特色社会主义道路越走越宽广,这是创造人民美好生活、实现中华民族伟大复兴的康庄大道。这条康庄大道决定了中国式现代化的光明前景。党的十

---

① 习近平:《在庆祝中国共产党成立100周年大会上的讲话》,人民出版社,2021,第13页。

九届六中全会的决议指出:"脚踏中华大地,传承中华文明,走符合中国国情的正确道路,党和人民就具有无比广阔的舞台,具有无比深厚的历史底蕴,具有无比强大的前进定力。"①这既是对中国特色社会主义道路前景的描绘,也是对中国式现代化的描绘。

走中国式现代化,必须保持战略定力。保持战略定力,就要坚决反对那些试图曲解中国特色社会主义的错误思潮。那些思潮往往会影响到中国式现代化的发展。习近平总书记指出:"近些年来,国内外有些舆论提出中国现在搞的究竟还是不是社会主义的疑问,有人说是'资本社会主义',还有人干脆说是'国家资本主义''新官僚资本主义'。这些都是完全错误的。"②国内外一些势力总是试图把中国特色社会主义道路"污名化",也试图"污名化"中国式现代化,使我们自觉不自觉地离开正确道路。中国特色社会主义道路始终坚持科学社会主义基本原则,不是搞所谓"资本社会主义"或者"民主社会主义"。中国特色社会主义道路是科学社会主义理论逻辑和中国社会发展历史逻辑辩证统一的道路,是根植于中国大地、反映中国人民意愿、适应中国和时代发展进步要求的科学社会主义道路。离开了科学社会主义,要么会回到封闭僵化的老路上,要么会走到放弃共产党领导、放弃社会主义的邪路上。中国式现代化是走在中国特色社会主义大道上的道路,是体现中国特色社会主义要求的具体道路。

---

① 《中共中央关于党的百年奋斗重大成就和历史经验的决议》,人民出版社,2021,第68页。

② 习近平:《关于坚持和发展中国特色社会主义的几个问题》,《求是》2019年第7期。

保持战略定力,就要坚定中国式现代化的道路自信。中国式现代化道路是从改革开放40多年的伟大实践中走出来的,我们深知,改革开放是决定当代中国命运的关键一招,我们要始终走在改革开放的道路上;是在新中国70多年的持续探索中走出来的,我们深知,中华人民共和国是人民当家作主的国家,我们永远坚定捍卫国家的主权独立;是在我们党领导人民进行伟大社会革命100多年的实践中走出来的,我们深知,没有共产党,就没有新中国,也就没有中国式现代化,我们永远坚持党的领导;是在近代以来中华民族由衰到盛180多年的历史进程中走出来的,我们深知,中华民族是世界上最伟大的民族之一,我们要持之以恒地为实现中华民族伟大复兴而奋斗;是在世界社会主义500年波澜壮阔的发展历程中走出来的,我们深知,只有社会主义能够救中国、能够发展中国,我们要不断把世界社会主义推向一个新阶段;是在对中华文明5000多年的传承发展中走出来的,我们深知,没有中华5000多年文明,哪来的中国特色社会主义,我们要始终让中国式现代化扎根于中华文明深厚的沃土之中。

其次,中国式现代化要解决前进道路上种种风险挑战,既要迎接疾风暴雨,又要应对狂风骤雨。

全面建设社会主义现代化国家的新时代,是一个船到中流浪更急、人到半山路更陡的时候,是一个愈进愈难、愈进愈险而又不进则退、非进不可的时候,甚至会遇到难以想象的惊涛骇浪。一是经济转型压力风险加剧。随着我国经济进入高质量发展阶段,处在转变发展方式、优化经济结构、转换增长动力等跨越常规性长期关口的攻坚期,面临结构性、体制性、周期性问题相互交织带来的困难和挑战。新冠肺炎疫情冲击使经济下行压力显著增大,各类隐性风险显性化,对外开放经济安全风险加大,国际经济循环遇到梗阻,金融风险易发高发。新科技革命和产业变革是最难掌控的不确定性因素,抓住了就是机遇,抓不住就是挑战。我国科技创新基础不牢,自主创新特别是原创力不强,关键领域核心技术受制于人的格局没有根本改变,特别是互联网技术是我们最大的"命门"。二是社会稳定挑战。"滴水兴波,终起吞舟之巨",社会领域牵动着人民群众最关心最直接最现实的利益问题,成为各类风险的重要源头。社会领域风险,普遍易发多发,具有广泛性、关联性,极易与其他风险叠加放大;某些风险日积月累,具有长期性、复杂性,极易产生新旧风险交织;伴随大国博弈,个别风险具有传导性、渗透性,极易产生内外联动。随着现代化的推进,人口大规模流动、利益多样化、社会信息化、思想文化多样化,进入社会矛盾多发期,社会利益冲突和矛盾凸显,社会群体权利意识增强,"维权"活动频发,群体上访跨地域响应、跨群体聚合、跨行业联动组织化倾向增强,社会稳定问题突出。食品安全、生态环境安全由于社会关注度高,舆论热点低,容易引起公众恐慌,酿成突发性的群体性事件。人民内部利益分化,社会阶层固化和社会不平等加剧,特别是贫富分化严重,潜存社会冲突。经济下行压力加大,新科技革命引发技能和失业风险,导致重点群体就业问题突出,社会稳定面临很大挑战。城市化进程加快,大量流动人口涌入城市,对城市社会结构造成较大冲击,社会矛盾触点多、燃点低,容易出现全局性、大规模、网络化的突发性群体事件。重大传染病和生物安全风险是事关国家安全和发展、事关社会大局稳定的重大风险挑战。

再次,中国式现代化是要创造人类文明新形态,促进中华文明的社会主义化和世界化、世界文明的中国化和时代化。

习近平总书记2021年11月11日在党的十九届六中全会第二次全体会议上的讲话中指出:"我们党领导人民不仅创造了世所罕见的经济快速发展和社会长期稳定两大奇迹,而且成功走出了中国式现代化道路,创造了人类文明新形态。这些前无古人的创举,破解了人类社会发展的诸多难题,摒弃了西方以资本为中心的现代化、两极分化的现代化、物质主义膨胀的现代化、对外扩张掠夺的现代化老路,拓展了发展中国家走向现代化的途径,为人类对更好社会制度的探索提供了中国方案。"[①]人类历史上有很多文明曾经辉煌过,但它们都湮没在历史的长河中,只有中华文明保持5000多年连绵不断,不但有着悠久历史,而且有着灿烂文化,从远古一直延续发展到今天。这不能不说是人类文明发展的奇迹。那为什么中华民族能够在几千年的历史长河中生生不息、薪火相传、顽强发展呢?毫无疑问这是因为中华文明相比于其他文明具有某种独特优势。所以,那种以鸦片战争以来近代中国的失败而认为中华文明的本质是停滞不前、腐朽落后的观点,是不能成立的。习近平总书记第一次对中华文明连绵不断的密码进行了破解,他明确指出:"很重要的一个原因就是中华民族有一脉相承的精神追求、精神特质、精神脉

---

① 习近平:《以史为鉴、开创未来 埋头苦干、勇毅前行》,《求是》2022年第1期。

络。"①"支撑我们这个古老民族走到今天的,支撑5000多年中华文明延绵至今的,是植根于中华民族血脉深处的文化基因。"②这个独特的文化基因就在于中华文明的包容性以及在这个基础上的创新性和强大修复能力,从而使得中华5000年文明能够连绵不断,经受住各种挑战,能够把众多民族凝聚成为中华民族的共同体。所以相比于西方的民族国家,中国毋庸置疑是文明型国家。在纪念孔子诞辰2565周年国际学术研讨会暨国际儒学联合会第五届会员大会开幕会上的讲话中,习近平主席对中华民族的独特文化基因做了进一步的分析。他指出:"从历史的角度看,包括儒家思想在内的中国传统思想文化中的优秀成分,对中华文明形成并延续发展几千年而从未中断,对形成和维护中国团结统一的政治局面,对形成和巩固中国多民族和合一体的大家庭,对形成和丰富中华民族精神,对激励中华儿女维护民族独立、反抗外来侵略,对推动中国社会发展进步、促进中国社会利益和社会关系平衡,都发挥了十分重要的作用。"③

对中华文明,无数的中外学者都寄予厚望。因为中华文明有一种博大的包容性。长期研究中国的联合国教科文组织执行局原主席特维叟·莱特说了一句话:"不要试图同化中国人,因为你首先会被同化。"20世纪伟大的历史学家阿诺德·汤因比在《历史研究》中

---

① 中共中央文献研究室编《十八大以来重要文献选编》(中),中央文献出版社,2016,第133页。

② 习近平:《携手建设更加美好的世界——在中国共产党与世界政党高层对话会上的主旨讲话》,中国政府网,2017年12月1日,http://www.gov.cn/xinwen/2017_12/01/content5243852.htm,访问时间:2021年12月10日。

③ 习近平:《在纪念孔子诞辰2565周年国际学术研讨会暨国际儒学联合会第五届会员大会开幕会上的讲话》,《人民日报》2014年9月25日,第02版。

认为西方无法引领未来人类文明,人类的希望在东方,而中华文明将为未来世界转型与21世纪人类社会提供无尽的文化宝库与思想资源。他认为:儒家的人文主义价值观使得中华文明符合新时代人类社会整合的需求,而中国的道教为人类文明提供了节制性合理性发展观的哲学基础,因此,对未来人类社会开出的药方不是武力与军事,不是西方的霸权,而是文化引领世界,这个文化是博大精深的中华文明。在进入21世纪的时候,日本著名学者、史学家村山节和日本著名经济评论家浅井隆在中国出版了一本著作——《东西方文明沉思录》。村山节和浅井隆指出,20世纪即将结束,而20世纪到21世纪的切换点正处在东西方文明的交叉点上。这个交叉点向世人展示:世界文明重心正在转向东方,亚洲文明正在崛起。村山节和浅井隆提出人类文明800年一个大周期的论断:公元5世纪到12世纪亚洲文明强盛,13世纪到21世纪是欧洲文明强盛起来,21世纪是亚洲文明再兴盛,"进入21世纪后,亚洲定将强盛起来,这一点无可争议"①。在亚洲文明中,村山节和浅井隆反复强调中华文明的极端重要性。他们认为,科学、技术和工业生产本来是一种手段,也可以称之为以"马力"为标志的物质能量的发达形式。"马力"造就了虐待人类的欧洲文明,并导致这种文明的终结。"人类必须把这一矛盾扭转过来,正确地控制'马力',创造出新的文明价值。这一重任必然要落到中国肩上,成为中国必定担负的历史使命。"②

---

① 村山节、浅井隆:《东西方文明沉思录》,平文智等译,中国国际广播出版社,2000,第205页。

② 村山节、浅井隆:《东西方文明沉思录》,平文智等译,中国国际广播出版社,2000,第229页。

在中国大陆,文明发展的民族模式证明了中华民族在长周期的文明开花期间,有创造伟大文明的能力,"由此可以推断,在中国大陆,从二十二世纪前后开始,将掀起文明的波涛,然后逐步发展,到二十四或二十五世纪会达到高峰。从二十六到二十九世纪,中国不仅在经济建设,而且在思想、哲学和宗教方面取得伟大的成绩"①。村山节和浅井隆的预测可谓大胆,预测中华文明已到了800年后的29世纪。尽管这种预测像作者所言近似于幻想,但中华文明在中国式现代化进程中再现活力的时代的确已经到来。

---

① 村山节、浅井隆:《东西方文明沉思录》,平文智等译,中国国际广播出版社,2000,第227页。

参考文献

[1] 中共中央马克思恩格斯列宁斯大林著作编译局. 马克思恩格斯全集:第二十五卷[M]. 北京:人民出版社,2001.

[2] 中共中央马克思恩格斯列宁斯大林著作编译局. 马克思恩格斯全集:第二十六卷[M]. 北京:人民出版社,2004.

[3] 中共中央马克思恩格斯列宁斯大林著作编译局. 马克思恩格斯全集:第三十卷[M]. 北京:人民出版社,1995.

[4] 中共中央马克思恩格斯列宁斯大林著作编译局. 马克思恩格斯全集:第四十二卷[M]. 北京:人民出版社,1979.

[5] 中共中央马克思恩格斯列宁斯大林著作编译局. 马克思恩格斯文集:第一—八卷[M]. 北京:人民出版社,2009.

[6] 中共中央马克思恩格斯列宁斯大林著作编译局. 马克思恩格斯选集:第一—四卷[M]. 北京:人民出版社,1995.

[7] 毛泽东. 毛泽东选集:第一—四卷[M]. 北京:人民出版社,1991.

[8]中共中央文献研究室.毛泽东文集:第一—八卷[M].北京:人民出版社,1993—1999.

[9]周恩来.周恩来选集:下卷[M].北京:人民出版社,1984.

[10]邓小平.邓小平文选:第一—三卷[M].北京:人民出版社,1993—1994.

[11]陈云.陈云文选:第三卷[M].北京:人民出版社,1995.

[12]江泽民.江泽民文选:第一—三卷[M].北京:人民出版社,2006.

[13]胡锦涛.胡锦涛文选:第二卷[M].北京:人民出版社,2016.

[14]习近平.习近平谈治国理政:第一卷[M].北京:外文出版社,2018.

[15]习近平.习近平谈治国理政:第二卷[M].北京:外文出版社,2017.

[16]习近平.习近平谈治国理政:第三卷[M].北京:外文出版社,2020.

[17]习近平.在庆祝中国共产党成立100周年大会上的讲话[M].北京:人民出版社,2021.

[18]孙中山.孙中山全集:第八卷[M].北京:人民出版社,2015.

[19]孙中山.孙中山选集:上[M].北京:人民出版社,2011.

[20]中共中央文献研究室.邓小平年谱(一九七五—一九九七):上[M].北京:中央文献出版社,2004.

[21]中共中央文献研究室.邓小平思想年谱(一九七五—一九九七)[M].北京:中央文献出版社,1998.

[22]中共中央文献研究室.建国以来重要文献选编:第十册[M].北京:中央文献出版社,1994.

[23]中共中央文献研究室.十八大以来重要文献选编:上[M].北京:中央文献出版社,2014.

[24]蔡方鹿.中华道统思想发展史[M].北京:人民出版社,2019.

[25]程美东.现代化之路:20世纪后20年中国现代化历程的全面解读[M].北京:首都师范大学出版社,2003.

[26]姜义华.现代性:中国重撰[M].北京:北京师范大学出版社,2008.

[27]金建萍.科学社会主义热点问题研究[M].北京:中国社会科学出版社,2016.

[28]顾海良,梅荣政.科学社会主义理论与实践[M].武汉:武汉大学出版社、湖北人民出版社,2006.

[29]胡钢.孙中山思想概论[M].天津:天津人民出版社,2006.

[30]李海文.周恩来研究述评[M].北京:中央文献出版社,1997.

[31]罗荣渠.现代化新论:世界与中国的现代化进程[M].北京:商务印书馆,2004.

[32]秦宣.科学社会主义概论[M].北京:中国人民大学出版社,2010.

[33]王德蓉.炎帝与中华文化[M].北京:人民出版社,1994.

[34]辛向阳.中国新时代[M].北京:中国人民大学出版社,2020.

[35]于俊文.西方经济思想辞典[M].福州:福建人民出版社,1990.

[36]张锦池.三国演义考论[M].北京:人民出版社,2016.

[37]傅高义.邓小平时代[M].冯克利,译.北京:三联书店,2013.

[38]弗朗西斯·福山.政治秩序的起源:从前人类时代到法国大革命[M].毛俊杰,译.桂林:广西师范大学出版社,2014.

[39]塞缪尔·亨廷顿,等.现代化:理论与历史经验的再探讨[M].上海:上海译文出版社,1993.

[40]塞缪尔·亨廷顿.变化社会中的政治秩序[M].王冠华,刘为,译.北京:三联书店,1989.

[41]盐野七生.罗马人的故事Ⅲ:胜者的迷思[M].刘锐,译.北京:中信

出版社,2012.

[42]伯特兰·罗素.中国问题[M].秦悦,译.上海:学林出版社,1996.

[43]爱默生,海明威,梭罗,等.总有一个念想,推着我们向前[M].方圃,译.北京:北京时代华文书局,2016.

[44]弗朗索瓦·基佐.欧洲代议制政府的历史起源[M].张清津,袁淑娟,译.上海:复旦大学出版社,2008.

[45]卡尔·A.魏特夫.东方专制主义:对于极权力量的比较研究[M].徐式谷,奚瑞森,邹如山,等译.北京:中国社会科学出版社,1989.

[46]亚当·扎莫伊斯基.波兰史[M].郭大成,译.北京:中国友谊出版公司,2019.

[47]史扶邻.孙中山与中国革命:下[M].丘权政,符致兴,译.太原:山西出版集团、山西人民出版社,2010.

[48]西里尔·E.布莱克.比较现代化[M].杨豫,陈祖洲,译.上海:上海译文出版社,1996.

[49]亚历山大·潘佐夫.毛泽东传:下[M].卿文辉,崔海智,译.北京:中国人民大学出版社,2015.

[50]莱斯特·瑟罗.资本主义的未来[M].周晓钟,译.北京:中国社会科学出版社,1997.

[51]古德诺.解析中国:观察[M].蔡向阳,李茂增,译.北京:国际文化出版公司,1998.

[52]阿历克斯·英格尔斯.人的现代化——心理·思想·态度·行为[M].殷陆君,编译.成都:四川人民出版社,1985.

[53]费正清.剑桥中华民国史(1912—1949年):上卷[M].杨品泉,译.北京:中国社会科学出版社,1993.

[54]吉尔伯特·罗兹曼.中国的现代化[M].国家社会科学基金"比较现代化"课题组,译.南京:江苏人民出版社,1995.

[55]米哈伊尔·谢尔盖耶维奇·戈尔巴乔夫.苏联的命运:戈尔巴乔夫回忆录[M].石国雄,杨正,译.南京:译林出版社,2018.

[56]孔飞力.中国现代国家的起源[M].陈兼,陈之宏,译.北京:三联书店,2013.

后 记

这本书是我学习习近平总书记在庆祝中国共产党成立 100 周年大会上的讲话精神、党的十九届六中全会精神和党的二十大精神的理论成果。这个问题理论界已经有不少的研究成果,也为我的研究提供了很好的学术营养。

这本书能够顺利出版,首先感谢我的爱人张晓红女士,她提供了很多好思路、好想法。还要感谢江西教育出版社的总编辑桂梅女士,她的热情使我感动;感谢负责本书编辑的张延,他的认真态度使本书增色。最后要感谢我的学生孙雪凡和冯昊,两人详细审读了书稿,提出了修改的想法。